S'ouvrir à l'amour et au bonheur

Don Miguel Ruiz

S'ouvrir à l'amour et au bonheur

Prières et méditations

Préface de Maud Séjournant

jouvence
EDITIONS

La sagesse toltèque aux Éditions Jouvence

Pratique de la voie toltèque, don Miguel Ruiz, avec la collaboration de Janet Mills, 2010 (éd. poche)
La maîtrise de l'amour, don Miguel Ruiz, 2009 (éd. poche)
Les quatre accords toltèques, don Miguel Ruiz, 2005 (éd. poche)
Prophéties toltèques de don Miguel Ruiz, Mary Carroll Nelson, 2005
Au-delà de la peur, Mary Carroll Nelson, d'après les enseignements de don Miguel Ruiz, 2004

Catalogue gratuit sur simple demande

ÉDITIONS JOUVENCE

France : BP 90107 – F-74161 Saint Julien en Genevois Cedex
Suisse : CP 184 – CH-1233 Bernex Genève
Site Internet : **www.editions-jouvence.com**
Mail : info@editions-jouvence.com

Titre original : *Prayers – A Communion with our Creator,* Miguel Angel Ruiz, M. D. and Janet Mills, Amber-Allen Publishing, Inc, 2001

Traduction d'Olivier Clerc
Collection « Le Cercle de Vie » dirigée par Maud Séjournant

ISBN 978-2-88353-905-1

Maquette de couverture : Dynamic 19, Thonon-les-Bains (74)
Composition : Nelly Irniger (n.irniger@gmail.com)

Sommaire

Préface de Maud Séjournant 9
Note du traducteur 13
Remerciements de l'auteur 15
Introduction 19

1 • La vérité **23**

2 • Le pardon **33**

3 • L'amour **45**

4 • La gratitude **57**

5 • L'humanité **65**

6 • Le silence intérieur **73**

7 • Le jour du mariage. 87

8 • Le cercle de feu. 103

À propos des auteurs 123
Sixth Sun Foundation 125

Préface

UN TRAIN PEUT EN CACHER UN AUTRE. Un mot peut parler d'expériences nouvelles cachées derrière des habitudes ou des associations rapides.

Le mot « Prière », par exemple, est chargé de toute une histoire religieuse. En Europe, c'est toute notre tradition chrétienne qui se trouve liée à ce mot. S'il provoque une réaction, voyez-le donc comme une occasion formidable de remettre en question tout ce que vous avez cru sur la prière et de jeter un regard complètement nouveau sur l'alchimie qu'elle contient.

Peut-être êtes vous surpris de voir ce mot dans la bouche d'un chaman, du maître toltèque qu'est don Miguel ?

Celui-ci m'a toujours ravie par sa manière naturelle d'intégrer diverses traditions spirituelles dans son enseignement. Il nous fait le cadeau extraordinaire de montrer comment la prière peut être utilisée non pas pour attendre de l'extérieur une intervention magique, mais pour nous rappeler notre créature divine et nous éveiller au pouvoir de cette réalisation. Dans cet espace sacré, tout devient alors possible.

Comme toujours, don Miguel sait parler en termes simples de sujets profondément ésotériques. Il a le don de savoir toucher notre cœur, de parler à notre corps émotionnel, de nous rendre amoureux de nous-mêmes.

Il ouvre des portes vers l'infini, vers des possibilités d'union et de fusion avec notre vraie nature divine. Ainsi nous parle-t-il du mariage mystique évoqué par de nombreuses traditions spirituelles comme d'une fête simple qu'il met à notre portée immédiate.

Chaque chapitre contient une préparation, une explication simple (et en même temps percutante) sur divers sujets tels que la divinité en nous, l'humanité, l'amour, le pardon, la gratitude. Au fur et à mesure des chapitres, nous nous sentons légers, vivants, sortis de toute dépression, pleins d'espoir et de confiance dans le pouvoir de création de notre parole.

Les prières que Miguel nous propose semblent alors sortir spontanément du cœur avec la spontanéité et l'ouverture d'un enfant.

Don Miguel a un talent unique pour créer un pont entre son expérience personnelle d'illumination et le cœur de chaque être auquel il communique l'étincelle, le germe de ce qui peut devenir la même expérience en lui. Ses prières nous enseignent à communier avec la partie universelle de nous-mêmes : elles viennent à la fois du cœur et de la compréhension des lois de l'Univers, telles qu'elles ont été perçues par les grands Maîtres, les chamans, les mystiques du passé, qu'ils soient chrétiens ou d'autres traditions : nous avons les clés pour ouvrir les portes de notre Divinité Incarnée.

Lorsque Miguel écrivait ce livre, j'étais avec un petit groupe d'apprentis en train de suivre une formation approfondie sur le Rêve et, en fait, sur ma propre humanité. De ces jours et nuits de rêve éveillé, je ne peux pas dire grand-chose, car je me suis engagée à ne pas en révéler le contenu. Ce que je peux exprimer seulement, c'est la force et la profondeur de l'ouverture du cœur que sait et peut provoquer Miguel. Je l'ai constaté à de multiples reprises avec ceux qui m'accompagnaient et, bien sûr, je l'ai vécu dans ma propre vie. Miguel est un vrai maître de l'amour.

L'incertitude des temps actuels ouvre une brèche dans nos habitudes et nos illusions de permanence. Les prières que Miguel nous propose nous ramènent dans un espace profond et simple en nous-mêmes qui ne laisse pas de place à la peur mais fait vibrer l'essence de la foi au cœur de la vie même.

Nous avons donc voulu vous les faire parvenir pour qu'elles vous apportent paix et réconfort.

Maud Séjournant
Directrice de la collection
« Le Cercle de Vie »
Santa Fé, mars 2003

Note du traducteur

L'ENSEIGNEMENT DE DON MIGUEL RUIZ est avant tout oral. Son langage est très simple, d'autant qu'il s'exprime en anglais, qui n'est pas sa langue maternelle. C'est Janet Mills, son éditrice américaine, qui le seconde dans la mise par écrit de ses propos. Depuis son premier livre, j'ai fait le choix de préserver en français la simplicité et l'oralité de ses écrits. Je recommande donc aux lecteurs de lire les ouvrages de don Miguel comme s'ils l'écoutaient tout simplement parler.

Olivier Clerc

Remerciements de l'auteur

J'exprime ma gratitude à Janet Mills, mère de ce livre, ainsi qu'à Gabrielle Rivera pour la qualité de sa contribution.

Toute ma gratitude à notre Créateur pour l'inspiration et la beauté qui ont donné vie à ce livre.

Au cœur de la femme, où l'amour divin
se reflète dans l'intégrité de l'humanité.
À la mère, l'épouse, la fille et l'amie.

N'est-il pas vrai, mon ange de vie,
qu'en s'avançant main dans la main
dans le rêve de la vie,
chacun de nos pas est béni par Dieu ?

Introduction

CHACUN D'ENTRE NOUS, au moins une fois dans sa vie, s'est senti en communion avec le Créateur. Nous connaissons tous des moments d'inspiration durant lesquels nous ressentons l'immensité de la création, la beauté et la perfection de tout ce qui existe. Nous pouvons nous sentir débordés par notre émotion. Nous ressentons la plus délicieuse paix intérieure, mêlée à une joie intense, et nous nommons cela *félicité* ou *état de grâce et de gratitude*. Nous sentons la présence de Dieu.

D'autres fois, nous nous sentons écrasés par la pression de la vie. Tout semble aller de travers et nous ne savons que faire. Nous nous sentons trop petits au regard de l'immensité de la vie et nous voudrions que l'on nous vienne en aide. Notre réaction émotionnelle peut alors être un mélange d'impuissance et de tristesse, ou encore de la peur, de la colère. Alors, nous prions : « Oh Seigneur, je t'en prie, aide-moi. » Et nous nous sentons entendus, nous ressentons la présence de Dieu, et nous sommes réconfortés.

La prière est une communion entre l'humain et le divin. Que notre prière trouve sa source dans l'amour, la gratitude et l'inspiration, ou qu'elle soit poussée par la peur et le désespoir, nous parlons cœur à cœur à l'esprit divin. Lorsque nous sommes en prière, nous faisons taire toutes les voix qui parlent habituellement dans notre tête, nous disant pourquoi telle chose n'est pas possible, et nous ouvrons un canal direct avec notre foi. Quand nous prions, nous utilisons notre voix humaine, mais nous l'alignons avec la voix de notre cœur, de notre esprit, et c'est cela qui rend la prière si puissante.

Prier est un acte de pouvoir, parce qu'il s'agit d'un accord entre l'humain et le divin, investi de notre foi. Notre foi nous donne le courage de passer à l'acte, et par l'action nous faisons un pas vers la réalisation de nos désirs. Et quand nous croyons à ce pour quoi nous prions avec toute notre foi, nous démultiplions la force de notre intention.

La prière étanche la soif de Dieu qu'ont les hommes, leur soif d'inspiration, d'affirmation de leur propre esprit. Dans la prière, nous communiquons avec l'essence de tout ce qui existe, y compris notre propre essence. Imaginez un loup qui hurle à la lune : voilà comment il nous faut vouloir prier. Nous avons un message à partager avec la vie, avec Dieu, et nous voulons le faire avec autorité. Ce message provient directement de notre cœur, nous nous adressons à notre propre divinité, à Dieu.

La puissance de la prière peut nous conduire à l'amour, à la vérité et à la liberté individuelle. Dans cet ouvrage, notre intention est d'utiliser la prière pour éveiller l'amour et la joie dans notre cœur, et pour vivre cette communion avec le Créateur. Puissiez-vous trouver l'amour, la vérité et la liberté, de la manière qui vous est propre !

1

La vérité

CHAQUE ÊTRE HUMAIN EST UN ARTISTE et sa plus grande œuvre est la vie. Nous, les humains, nous percevons la vie puis nous nous efforçons de lui donner un sens en exprimant cette perception par des mots, de la musique et à travers d'autres formes d'art. Nous percevons la vie, puis nous créons une histoire pour justifier, décrire et expliquer cette perception ainsi que les réactions émotionnelles qu'elle crée. Tous les êtres humains sont des conteurs : c'est ce qui fait de nous des artistes.

Tout ce que nous croyons sur nous est une histoire. Même si son fondement se trouve dans la réalité, il ne s'agit cependant que de notre propre point de vue. Ce point de vue provient de notre expérience, de ce que nous *savons*, de ce que nous *croyons*.

Mais notre savoir et nos croyances ne sont qu'un programme ; ce ne sont que des mots, des opinions et des idées provenant d'autrui et de nos propres expériences. Les humains perçoivent la vérité, mais leur façon de justifier et d'expliquer cette perception n'est pas vraie en tant que telle : c'est une histoire. J'appelle cette histoire *un rêve*.

La psyché humaine mélange la perception, l'imagination et les émotions afin de créer tout un rêve. Mais l'histoire ne s'arrête pas là, car la psyché de chaque être humain se mêle à celle des autres, et toutes ensemble elles créent la psyché collective de la planète : *le rêve de la planète*.

Le rêve de la planète est le rêve collectif des humains. On peut le nommer *la société* ou *une nation*, mais en tous les cas ce qui en résulte, individuellement ou collectivement, est un rêve. Ce rêve peut être agréable et on le nomme alors *paradis*, ou il peut tourner au cauchemar et on appelle cela *enfer*. Mais le paradis et l'enfer n'existent qu'au niveau du mental.

Dans la société humaine, le rêve de la planète est gouverné par le mensonge ; la peur en est le résultat. C'est un rêve dans lequel les humains se jugent l'un l'autre, se déclarent mutuellement coupables, et se punissent les uns les autres. Les humains se servent du pouvoir de la parole pour médire et se blesser. Ce mauvais usage de la parole produit du poison émotionnel ; ce poison est présent dans le rêve. Il se répand ainsi dans le monde entier, et voilà ce dont se nourrissent la majorité des humains : du poison émotionnel. Le rêve de la planète conditionne les nouveau-nés à croire ce qu'ils veulent. Dans ce rêve-là, il n'y a pas de justice : seulement de l'injustice. Rien n'y est parfait :

il n'y a que de l'imperfection. Voilà pourquoi les humains recherchent continuellement la justice, le bonheur et l'amour.

Pendant des milliers d'années, les gens ont cru qu'il y avait conflit entre le bien et le mal dans l'univers. Mais cela n'est pas vrai. Le véritable conflit se trouve entre la vérité et ce qui n'est pas vrai. Et ce conflit n'existe que dans la tête de l'homme, et non dans le reste de la nature. Le bien et le mal ne sont que le résultat de ce conflit. Croire à la vérité produit le bien, tandis que croire et défendre ce qui n'est pas vrai, cela génère le mal. Le mal n'est que le résultat d'une croyance au mensonge.

Toute la souffrance humaine résulte de cette croyance au mensonge. Prendre conscience de cela est la première chose à faire. Pourquoi ? Parce que cette conscience nous conduira à la vérité, et que la vérité nous conduira à Dieu, à l'amour et au bonheur. La vérité nous affranchira de tous les mensonges auxquels nous croyons. Mais pour la connaître, il nous faut *vivre* cette vérité ; elle ne peut être mise en mots. Dès que nous commençons à en parler, dès que nous la mettons en mots, ce n'est déjà plus la vérité. Nous pouvons vivre la vérité et la sentir, mais lorsque nous en faisons un récit, celui-ci n'est vrai que pour nous. Pour tous les autres, il n'est pas vrai. Chacun crée sa propre histoire ; chacun vit dans son rêve.

Retrouver sa conscience, cela signifie voir la vie telle qu'elle est, et non telle qu'on voudrait qu'elle soit. Être conscient signifie voir la vérité, et non voir ce que l'on veut, dans le seul but de justifier les mensonges auxquels on croit. Si l'on s'exerce à être conscient, alors vient le jour où l'on maîtrise la conscience. Et quand on fait de cette maîtrise une habitude, on voit constamment la vie telle qu'elle est vraiment, et non telle qu'on la souhaite. Alors, on cesse d'essayer de mettre les choses en mots et de s'expliquer ce que l'on perçoit. On utilise plutôt les mots pour communiquer avec autrui, tout en sachant que l'on ne communique que son propre point de vue.

Dieu est là. Dieu vit en vous comme *vie* et comme *amour*, mais c'est à vous de voir cette vérité, sans quoi il n'y a rien. Vous êtes ici pour être heureux, pour vivre votre vie et exprimer qui vous êtes. Vous avez été créé pour percevoir la beauté de la création et pour vivre votre vie dans l'amour. Mais si vous ne parvenez pas à trouver l'amour en vous-même, même si le monde entier vous aimait, cela ne ferait aucune différence.

Au lieu de se tourner vers d'autres personnes pour trouver l'amour, nous devons nous aligner sur notre propre amour, car ce n'est pas l'amour d'autrui qui nous rendra heureux mais celui que nous ressentons pour chaque être humain, celui que nous avons pour Dieu, pour toute la création. Lorsque l'amour provient de quelqu'un d'autre, on peut le ressentir et c'est agréable ; mais ressentir son propre amour, c'est là la meilleure chose qui puisse nous arriver. Nous sommes alors au paradis ; nous vivons dans la félicité.

Votre corps est un temple où réside Dieu. La preuve que Dieu vit en vous est que vous êtes vivant. Il y a du poison émotionnel dans votre psyché, mais vous pouvez la nettoyer, la purifier et vous préparer à une communion d'amour avec Dieu. *Communier* signifie partager votre amour, vous fondre dans l'amour. Et lorsque vous priez, il s'agit justement de communier avec l'amour de Dieu en vous, afin de permettre à cet amour de jaillir. Mais si vous priez et que vous ne ressentez rien, pourquoi perdre votre temps ? Il vous faut regarder en vous et réveiller votre amour. Ouvrez votre cœur et aimez sans conditions, sans attendre d'amour en retour, ni tenter de contrôler autrui. Sinon ce serait un faux amour. Lorsque vous aimez sans conditions, vous transcendez le rêve de la peur et vous vous alignez sur l'esprit divin, sur l'amour de Dieu, c'est-à-dire l'amour qui jaillit de vous. Cet amour est la *vie*, et tout comme le soleil, il brille sans cesse.

Mon plus grand souhait est que toute l'humanité acquière suffisamment de conscience pour s'éveiller du rêve de la peur et utiliser son pouvoir créateur pour manifester le paradis sur terre. Toute la création est un chef-d'œuvre, et la seule perception de la beauté de l'œuvre de Dieu peut remplir nos cœurs de joie et de contentement.

Utilisez la prière qui suit pour accroître votre conscience de la beauté de toute la création, y compris la beauté de cette création que vous êtes vous-même. Vous êtes beau (ou belle) tel(le) que vous êtes, et lorsque vous percevez votre propre beauté, votre réaction émotionnelle est de l'amour, et vous pouvez ressentir un bonheur débordant. La perception de votre propre beauté vous permettra de vous reconnaître dans les fleurs, dans le ciel, dans les nuages, dans l'eau et les océans. Mais surtout, vous vous reconnaîtrez dans les autres êtres humains, ceux qui vous sont chers, vos parents, vos enfants, le monde entier.

S'il vous plaît, prenez un instant et fermez les yeux, ouvrez votre cœur et ressentez l'amour qui jaillit de votre cœur. Unissons-nous dans une prière spécialement destinée à nous faire vivre cette communion avec notre Créateur.

Prière pour la vérité

Aujourd'hui, Créateur, je te demande d'ouvrir mes yeux et mon cœur afin que je puisse retrouver la vérité dans ma propre vie. Aide-moi à résister à la tentation de croire aux mensonges qui bloquent l'expression de ma vie et de mon amour. Donne-moi la force de résister à la tentation de croire aux mensonges d'autrui, qui engendrent du poison émotionnel dans mon cœur.

Aujourd'hui, Créateur, permets que je voie ce qui est et non ce que je veux voir. Permets que j'entende ce qui est, non ce que je veux entendre. Aide-moi à recouvrer la conscience, afin que je Te voie dans tout ce que je perçois avec mes yeux, avec mes oreilles et tous mes sens. Fais en sorte que je perçoive le monde avec des yeux d'amour, afin que je Te trouve où que j'aille et que je Te voie dans tout ce que Tu crées. Aide-moi à Te voir dans chaque cellule de mon corps, en chaque émotion de mon cœur et en chaque personne rencontrée. Permets que je Te voie dans la pluie, dans les fleurs, dans l'eau, dans le feu, dans les animaux et les papillons. Tu es partout, et je fais un avec Toi. Permets que je sois conscient(e) de cette vérité.

Aujourd'hui, fais en sorte que tout ce que je fais et dis soit une expression de la beauté de mon cœur. Que je sois conscient(e) de la beauté et de la perfection de toute Ta création, afin que je puisse vivre en amour éternel avec Toi. Merci, Créateur, pour le pouvoir que Tu me donnes de créer un rêve de paradis dans lequel tout est possible. À partir d'aujourd'hui, j'utiliserai la puissance de mon amour pour créer un chef-d'œuvre : ma propre vie. *Amen.*

2

Le pardon

AVANT D'AVOIR APPRIS À PARLER, vous aimiez et vous pardonniez sans effort. Il vous était tout naturel d'aimer et de pardonner. Puis, des personnes qui n'aimaient pas et ne pardonnaient pas vous ont appris comment vous comporter. Aujourd'hui, si vous le désirez vraiment, vous pouvez revenir à l'amour et vous détacher de ce qui n'est pas amour. Aujourd'hui peut être un jour nouveau, celui où vous vous souvenez comment aimer et pardonner à ceux qui vous sont le plus proches.

Imaginez que vous êtes en présence de votre mère. Même si elle n'est plus de ce monde, elle vit encore dans votre esprit. Imaginez-la assise devant vous et ressentez une grande communion d'amour avec elle. Imaginez que vous lui donnez la plus merveilleuse des accolades et que vous embrassez son beau visage. Vous pouvez ressentir sa réaction émotionnelle envers vous : c'est son amour pour vous. Aujourd'hui, en cet instant, vous pouvez pardonner à votre mère, quel que soit le ressentiment que vous avez envers elle. Vous n'avez pas besoin de vous rappeler ce qu'elle a fait ou manqué de faire, ni de justifier votre ressentiment. Pardonner est un acte d'amour, un acte d'union, afin de pouvoir être de nouveau ensemble.

Imaginez maintenant que vous demandez à votre mère de vous pardonner. Imaginez sa voix vous disant combien elle vous aime, qu'elle vous pardonne, quoi que vous ayez pu faire. Sentez sa main sur votre visage ; sentez ses yeux qui vous regardent avec un amour et une gratitude profonde, car elle peut sentir votre amour. Dites-lui combien vous l'aimez, combien vous la respectez et l'honorez. Dites-lui qu'elle a le droit d'être qui elle est, et que vous ne la jugerez plus jamais. Entendez-la vous dire que vous pouvez faire ce que vous voulez de votre vie, qu'elle souhaite votre bonheur parce que vous êtes si merveilleux(se). Imaginez-la vous disant combien elle est fière de vous, qu'elle vous aime et vous accepte tel(le) que vous êtes. Aujourd'hui peut devenir un jour de purification, de pardon et, grâce à cette guérison, un moment d'amour.

Aujourd'hui, si vous êtes parent, imaginez la présence de chacun de vos enfants auprès de vous. Ressentez tout l'amour que vous avez pour eux, puis pardonnez-leur et sentez qu'ils vous pardonnent aussi. Aujourd'hui, vous pouvez vivre une communion d'amour avec vos enfants, vivre un instant de communication, un moment de pardon. Si vous n'êtes pas parent, imaginez une communion d'amour avec quelqu'un parmi vos proches, à qui vous avez besoin de pardonner. Ce qui est arrivé dans le passé n'a plus d'importance. Ce qui importe, c'est d'apprécier la présence des gens que vous aimez le plus.

Bien des choses peuvent arriver dans la vie, bien des incompréhensions et des conflits. Mais chaque fois que nous nous sentons blessés, c'est que nous croyons à quelque chose qui en réalité n'est même pas vrai : quelque chose qui ressemble à la vérité, mais qui ne l'est pas. C'est en croyant à des mensonges que nous nous blessons et que nous nous éloignons des gens que nous aimons vraiment. Maintenant, c'est le moment de nous libérer de tous ces mensonges et de nous détacher de nos ressentiments.

Pourquoi ne pas apprécier les gens que nous aimons le plus ? Pourquoi gaspiller un temps précieux à nourrir du ressentiment envers nos parents, parce que nous voulons être nous-mêmes et non la personne qu'ils voudraient que nous soyons ? Pourquoi ne pas changer de point de vue et prendre conscience que nous avons si peu de temps pour leur faire savoir ce que nous ressentons vraiment pour eux au fond de notre cœur ? Pourquoi ne pas mettre notre orgueil de côté et leur demander pardon ? Que nous les croyions coupables d'injustice n'a pas d'importance. Ce qui importe, c'est de nous détacher de ces mesquineries afin d'être à nouveau ensemble.

Ouvrez votre cœur, en ce moment même, maintenant, et envoyez votre amour à vos parents. Votre mère et votre père vous aiment inconditionnellement, même s'ils ne le montrent pas. Et s'ils ne le montrent pas, c'est qu'ils n'en sont pas conscients. Vos parents vous ont apporté le plus grand des cadeaux : la vie. Le message de Dieu est la vie, et c'est par vos parents que ce message vous est parvenu. Et vous, vous avez transmis ce message à vos propres enfants ; vous leur avez donné la vie. Cet amour est destiné à être inconditionnel, et il est inconditionnel quand nous ne croyons pas nos propres mensonges.

Pourquoi repoussons-nous nos enfants quand ils ne sont pas ce que nous voudrions qu'ils soient ? Pourquoi les repoussons-nous avec nos opinions ? Ils ont le droit de vivre leur propre vie comme ils l'entendent. Pourquoi ne pas rendre visite à vos enfants et leur dire : « Pardonne-moi, ce n'était pas dans mon intention de te repousser. Je ne voulais pas contrôler ta vie. » Lorsque vous êtes bon envers vos enfants, ils ont envie de passer du temps avec vous. Mais lorsque vous êtes négatif, votre attitude les repousse. Pourquoi ne pas les faire revenir à vous ? Est-ce si difficile d'ouvrir vos bras, de les embrasser et de leur dire combien vous les aimer ? Ouvrez complètement votre cœur à vos enfants et acceptez-les tels qu'ils sont. Aimez-les *parce qu*'ils sont comme ils sont. Peu importe ce qu'ils ont fait ; ce sont vos enfants, et quoi qu'ils aient pu commettre, c'est simplement parce qu'ils croient aussi aux mensonges.

Aujourd'hui, votre relation à vos parents et à vos enfants peut changer complètement. Ne perdons pas nos vies à créer des conflits et à nourrir du ressentiment envers ceux que nous aimons vraiment, alors qu'il est si facile d'avoir de merveilleuses relations avec eux. Pourquoi devrions-nous avoir raison tout le temps, et les autres tort ? Notre opinion ne reflète que notre point de vue, elle n'est vraie que pour nous ; elle n'est pas la vérité pour autrui. Rien ne nous oblige à avoir raison ; il vaut mieux être heureux qu'avoir raison.

Nous n'avons que peu de temps pour offrir tout l'amour contenu dans notre cœur. La vie est si courte, et l'amour est tellement important. Nous ne savons pas quand nous mourrons. Nous ne savons pas non plus quand nos parents décéderont, ni quand nos enfants, notre conjoint ou encore nos frères et sœurs mourront. Aucune de nos croyances n'est assez importante pour nous séparer de ceux que nous aimons. Si vous saviez que vous alliez mourir demain, passeriez-vous vraiment le temps qu'il vous reste en conflit avec ceux que vous aimez ? S'il ne vous restait que vingt-quatre heures à vivre, comment écririez-vous la fin de l'histoire de votre vie ? L'ange de la mort peut devenir notre plus grand instructeur, parce que la mort nous enseigne comment être pleinement vivant.

Chaque jour qui passe est destiné à savourer la vie, à apprécier les gens que vous aimez le plus, et à faire en sorte qu'ils sachent combien vous les aimez. Aujourd'hui est aussi le jour où rendre honneur à votre bien-aimé(e), à la mère ou au père de vos enfants. Si vous respectez votre bien-aimé(e), vous enseignez à vos enfants comment traiter autrui avec respect. Si vous vous comportez avec gentillesse et amour envers votre bien-aimé(e), c'est ce comportement que vos enfants apprendront en grandissant. Nos enfants apprennent ce que nous faisons, pas seulement ce que nous disons. L'un des plus grands cadeaux de la vie est de voir ses enfants heureux, de les voir s'exprimer et se créer une existence magnifique. C'est également un cadeau que de voir nos enfants se réjouir de leurs propres enfants, et pour nous de pouvoir apprécier nos petits-enfants.

Mais la meilleure façon de les instruire, c'est par notre propre comportement.

Aujourd'hui, pourquoi ne pas changer vos relations avec ceux que vous aimez ? Ce choix est entre vos mains et peut vous faire grand bien. C'est un choix qui changera complètement la qualité de votre vie. Envoyez tout votre amour à vos parents et vivez cette réunion avec eux. Envoyez tout votre amour à vos enfants, où qu'ils soient, et ramenez-les à vous. Envoyez tout votre amour à vos frères et sœurs, à tous les membres de votre famille. Choisissez le pardon et communiquez avec tous ceux que vous connaissez, même s'ils ne peuvent pas vous entendre. Où qu'ils soient, ils peuvent le sentir. Le pardon est si important et si puissant. Des miracles peuvent se produire, si seulement vous pardonnez.

Le pardon est une grande expression d'amour ; il nous permet surtout d'accepter l'amour, en commençant par nous-mêmes. Pourquoi ne pas s'aimer soi-même, sans conditions ? Pourquoi passer sa vie à créer des conflits avec soi en se jugeant, en se rejetant, ou en passant sa vie dans la honte, la culpabilité ou les reproches ? Pourquoi gaspiller sa précieuse vie à essayer d'être qui l'on n'est pas, tout en sachant qu'on n'y parviendra jamais ? Pourquoi ne pas s'accepter et s'aimer tel que l'on est ? L'image parfaite de nous-mêmes que nous avons appris à poursuivre est l'un des plus grands mensonges qui soit.

Aujourd'hui, en cet instant même, envoyez-vous tout l'amour qu'il y a dans votre cœur. L'amour est votre nature ; alors, ne résistez pas à ce que vous êtes. Vous pouvez améliorer votre vie en exprimant simplement ce que vous êtes, en suivant simplement l'amour qui se trouve dans votre cœur, dans tout ce que vous faites. Et le pardon est une merveilleuse façon de vous aimer vous-même. Imaginez combien la vie serait facile si vous étiez bon envers vous-même. Aujourd'hui est le jour idéal pour entamer une nouvelle relation avec vous-même.

Prière pour le pardon

Aujourd'hui, Créateur, accorde-moi le courage et la volonté de pardonner à ceux que j'aime le plus. Aide-moi à pardonner toutes les injustices que je ressens en moi et à aimer autrui sans conditions. Je sais que la seule façon de guérir toutes les douleurs de mon cœur est de pardonner.

Aujourd'hui, Créateur, fortifie ma volonté de pardonner à tous ceux qui m'ont blessé(e), même si je juge leur offense impardonnable. Je sais que le pardon est un acte d'amour envers moi-même. Aide-moi à m'aimer tellement que je pardonne toute offense. Permets que je choisisse le pardon, car je ne veux pas souffrir à chaque fois que je me rappellerai l'offense.

Aujourd'hui, Créateur, aide-moi à guérir mon cœur de toute culpabilité, en acceptant le pardon de tous ceux que j'ai blessés dans ma vie. Aide-moi à reconnaître sincèrement les erreurs que j'ai commises par ignorance, et donne-moi la sagesse et la détermination nécessaires pour m'empêcher de les commettre à nouveau. Je sais que l'amour et le pardon transformeront toutes mes relations de la façon la plus positive qui soit.

Merci, Créateur, de me donner la capacité d'aimer et de pardonner. Aujourd'hui, j'ouvre mon cœur à l'amour et au pardon, afin de pouvoir partager mon amour sans peur. Aujourd'hui, je serai à nouveau uni aux personnes que j'aime le plus. *Amen.*

3

L'amour

AUJOURD'HUI, VOUS POUVEZ FRANCHIR un grand pas dans vos retrouvailles avec l'amour, en guérissant votre relation avec vous-même. Vous aimer vous-même est la clé pour pouvoir aimer autrui. L'amour commence par soi. Lorsque votre relation avec vous-même est fondée sur l'amour et le respect, toutes vos relations changeront, y compris celles que vous entretenez avec ceux que vous aimez.

Que ressentez-vous envers vous-même ? Vous aimez-vous, vous respectez-vous, vous honorez-vous ? Si la réponse est « non », cela explique pourquoi vous avez eu le cœur brisé tant de fois. Lorsque vous ne vous aimez pas, que vous ne vous respectez pas ni ne vous honorez, vous permettez aux autres de vous traiter aussi sans amour, sans respect et sans considération. Par contre, une fois que vous avez appris à vous traiter avec amour, respect et honneur, il ne vous est plus possible d'accepter moins que cela de la part d'autrui. Si quelqu'un veut jouer un rôle important dans votre vie, comme ami, amant ou conjoint, vous savez déjà le genre de personne qu'il doit être. Si cette personne n'est pas conforme à ce que vous voulez, la chose est évidente, et vous le percevez dès le départ. Pourquoi ? Parce que vous êtes fidèle à votre intégrité et que vous ne vous mentez plus.

Intégrité signifie *la totalité de vous-même ;* c'est ce que vous êtes vraiment, et non ce que vous croyez ni ce que vous prétendez être. Lorsque vous êtes fidèle à votre intégrité, vous ne vous nuisez plus jamais consciemment. Vous êtes honnête avec vous-même et vous remarquez quand on vous manque de respect. Si quelqu'un vous traite de façon irrespectueuse, vous êtes assez clair(e) pour lui dire : « Stop. Je n'aime pas la façon dont tu me parles. » Vous établissez tout de suite une limite, parce que vous ne permettez pas que l'on vous maltraite. Vos limites vis-à-vis d'autrui sont clairement établies, et vous respectez également celles que vous impose autrui.

Lorsque vous vous aimez, celui qui veut être en relation avec vous doit manifester de l'amour et du respect, et non de la peur et de l'irrespect. Si, cependant, vous vous trouvez déjà dans une relation qui ne vous respecte pas, vous pouvez commencer une période de guérison et de nettoyage, de façon à ce que chacun d'entre vous revienne à l'amour et au respect, en débutant avec vous-même, puis en poursuivant avec l'autre. Commencez toujours par vous-même, car il vous faut de l'amour pour pouvoir en donner ; il faut vous respecter vous-même pour pouvoir respecter autrui. Votre relation doit être fondée sur le respect. S'il fait défaut, tôt ou tard un cœur sera brisé.

Qu'entends-je par « respect » ? Si je suis en relation avec vous, je respecte vos choix ; je n'essaie pas de les contrôler. Comme je vous aime, je vous permets d'être qui vous êtes. Je ne suis pas obligé d'être d'accord avec vous, mais je respecte chacune de vos croyances, chacun de vos choix, parce que je vous aime tel(le) que vous êtes. Je respecte également ma propre vie et je ne vous permets pas de la contrôler. Si vous ne me respectez pas, je continuerai de vous aimer, mais notre relation prendra sans doute fin. La seule façon de sauver notre relation est de retrouver le respect, de mieux communiquer, et de créer de nouveaux accords entre nous, avec de nouvelles limites. De cette façon, notre relation peut être guérie.

L'amour de soi n'a rien à voir avec l'égoïsme ou l'amour-propre. L'égoïste dit : « Si tu m'aimes, tu dois t'accommoder de toutes mes ordures émotionnelles, de mes colères, de mes jugements, et ne jamais me quitter. » Dire à autrui que vous l'aimez, puis le maltraiter, ce n'est pas de l'amour : c'est de l'égoïsme. Comment puis-je à la fois vous aimer et vous maltraiter ? À mes yeux, vouloir vous garder même si je vous maltraite, ce n'est pas de l'amour, c'est de l'égoïsme.

L'amour de soi, l'amour envers soi, vous donne le pouvoir nécessaire pour briser tous les mensonges que vous avez été programmé(e) à croire et qui vous disent : « Je ne vaux rien ; je ne suis pas assez beau (belle) ; je ne suis pas assez fort(e) ; je n'y arriverai pas. » Fort(e) de l'amour de vous-même, vous n'avez plus peur de faire face aux responsabilités de votre vie, ni à vos problèmes ; vous pouvez les résoudre à mesure qu'ils apparaissent. Pourquoi ? Parce que vous avez entière confiance dans votre capacité à effectuer les choix qui vous soutiennent, et que vous ne créez jamais de situation qui vous nuise.

Quand vous vous aimez, vous appréciez votre propre présence. Vous aimez ce que vous voyez quand vous vous regardez dans un miroir, et ce grand sourire sur votre visage accroît votre beauté intérieure et extérieure. Lorsque vous vous aimez, vous n'êtes plus à la poursuite d'une fausse image de perfection, et vous n'essayez plus non plus de prouver que vous êtes digne d'être aimé(e).

Quand vous vous aimez, vous ne vivez plus votre existence en fonction de l'opinion d'autrui. Vous n'avez plus besoin que les autres vous acceptent, ni qu'ils disent du bien de vous, parce que vous savez qui vous êtes. Vous n'avez plus peur de partager votre amour, parce que votre cœur est totalement ouvert.

Aujourd'hui peut devenir le jour où vous découvrez votre propre beauté, le jour où vous vous reliez à nouveau à votre esprit et où vous exprimez l'amour qu'il y a dans votre cœur. Concentrez votre attention sur ce que vous ressentez en ce moment même. Sentez votre désir de vivre, votre désir d'amour et de joie, celui de créer quelque chose de merveilleux que vous pourriez partager avec autrui. Votre plus grande mission est de vous rendre heureux et de partager votre amour, votre joie et votre bonheur.

Maintenant, entrons à nouveau en communion d'amour avec le Créateur. Sentez les mots qui suivent jaillir directement de votre cœur vers Celui qui vous a créé(e).

Prière pour l'amour

Aujourd'hui, Seigneur, aide-moi à m'accepter tel que je suis, sans jugement. Aide-moi à accepter mon esprit tel qu'il est, avec toutes mes émotions, tous mes espoirs et mes rêves, et ma personnalité unique. Aide-moi à accepter mon corps tel qu'il est, dans sa beauté et sa perfection.

Aujourd'hui, Seigneur, lave mon esprit du poison émotionnel et du jugement, afin que je puisse vivre dans la paix et l'amour. Que l'amour que j'ai pour moi-même soit si fort que jamais plus je ne me rejette et que je ne sabote plus mon bonheur ni ma liberté personnelle. Fais que je m'aime moi-même et que je m'accepte sans jugement, car lorsque je me juge, je me déclare coupable, puis je ressens le besoin de me punir.

Grâce à la puissance de l'amour que j'ai pour moi, que toutes mes relations soient fondées sur l'amour et le respect. Aide-moi à me libérer du besoin de dire à autrui ce qu'il doit penser ou comment il doit être. Fais que j'accepte les gens que j'aime tels qu'ils sont, sans jugement, car lorsque je les juge et que je leur fais des reproches, je les déclare coupables et je souhaite les punir. Aide-moi, Seigneur, à aimer tout ce que Tu crées, sans conditions, car lorsque je rejette Ta création, c'est Toi que je rejette.

Aujourd'hui, Seigneur, aide-moi à recommencer ma vie grâce au pouvoir que donne l'amour de soi. Aide-moi à explorer ma vie, à prendre des risques et à m'aimer inconditionnellement. Fais que j'ouvre mon cœur à l'amour qui est mon droit de naissance, pour que je puisse partager cet amour où que j'aille. *Amen.*

Honorer le corps physique

Le corps physique est semblable à un animal qui serait totalement loyal envers nous. Il va où que nous voulions aller ; il nous procure tous les plaisirs de la vie : manger, boire, ou simplement courir sur la plage et jouer. Et nous, que faisons-nous ? Nous maltraitons notre corps physique, nous le jugeons, nous en avons honte, et il en souffre. Personne ne maltraite davantage notre corps que nous-mêmes. D'ailleurs, nos chiens et chats sont mieux traités que notre propre corps. C'est nous qui ne sommes pas loyaux envers lui.

Autrefois, je jugeais constamment mon corps physique. Lorsque je me regardais dans le miroir, je pensais : « Oh, non, vraiment je n'aime pas ce corps. » Vous rendez-vous compte à quel point il est égoïste de ne pas aimer son corps, alors qu'il fait tout ce qu'il peut pour nous ? Aujourd'hui, j'aime mon corps physique. Je n'en ai pas honte du tout. Je suis généreux envers lui et je lui donne ce dont il a besoin.

Votre corps physique vous aime sans conditions. Même si vous le jugez, même si vous le rejetez et que vous ne l'aimez pas, il est totalement loyal envers vous. Même lorsqu'il vieillit ou qu'il est malade, il continue de faire du mieux qu'il peut. Savoir cela devrait suffire à remplir votre cœur de gratitude pour ce cadeau qu'est votre corps physique.

Aujourd'hui, je vous propose d'entamer une toute nouvelle relation avec votre corps physique. Je vous propose de le traiter comme vous le feriez de quelqu'un que vous aimez beaucoup. Cessez d'être égoïste avec lui et donnez-lui ce qu'il lui faut pour qu'il soit sain et heureux. Vous en sentez-vous capable ?

Aujourd'hui est un nouveau jour où vous pouvez commencer à exprimer votre gratitude envers votre corps, pour tout ce qu'il fait pour vous. Lorsqu'on apprend à aimer son corps physique, chaque activité peut se transformer en un rituel de gratitude dans lequel on exprime sa joie d'être vivant. Chaque douche que vous donnez à votre corps peut devenir une prière de gratitude envers Dieu. Chaque repas que vous prenez peut-être davantage qu'une prière : il peut devenir une célébration de la vie, car vous offrez de la nourriture à Dieu afin que la *vie* se perpétue. À partir d'aujourd'hui, vous pouvez changer de relation avec votre corps, et c'est toute votre vie qui s'en trouvera modifiée.

Prière pour le corps physique

Aujourd'hui, Créateur, je promets de conclure un nouvel accord avec mon corps physique. Je promets de l'aimer sans conditions, comme il m'aime lui. Je promets de protéger mon corps et d'en prendre soin. Je ne le rejetterai plus jamais, je ne le maltraiterai pas et je n'aurai pas honte non plus de son apparence. À partir de maintenant, j'accepte mon corps physique tel qu'il est. J'apprécierai mon corps et serai reconnaissant(e) des plaisirs qu'il me procure.

Pardonne-moi, Créateur, d'avoir cru tous les mensonges concernant mon corps physique. Pardonne-moi de l'avoir jugé en le comparant à une fausse image de perfection. Pardonne-moi pour tout ce que je n'aimais pas dans mon corps.

Aujourd'hui, Créateur, aide-moi à voir mon corps physique comme le temple vivant où Tu résides. Aide-moi aussi à respecter mon corps, à l'aimer et à l'honorer. Je sais que le traiter avec respect, amour et honneur, c'est Te respecter, T'aimer et T'honorer, Toi. Aide-moi,

Créateur, à donner à mon corps physique ce dont il a besoin pour vivre dans la santé, l'harmonie et la félicité parfaites. *Amen.*

4

La gratitude

LA GRATITUDE DOIT TOUT D'ABORD s'exprimer envers Celui qui nous a créés, puisque c'est de Lui que nous recevons le plus grand de tous les dons : la vie. Comment nous est-il possible d'exprimer notre gratitude envers Dieu et de Le remercier du fond du cœur ? La meilleure manière de Lui témoigner notre gratitude est de recevoir ce don qu'Il nous fait et de Le remercier en sachant apprécier ce don, c'est-à-dire en vivant notre vie pleinement et complètement.

Pour beaucoup d'entre nous, il est facile de donner mais très difficile de recevoir. Lorsque nous maîtrisons la gratitude, nous pouvons facilement recevoir sans nous sentir coupables, parce que nous savons qu'en recevant nous faisons plaisir à celui qui nous donne. Par exemple, si quelqu'un prépare un repas pour vous, la meilleure manière de le remercier de son attention envers vous est d'apprécier vraiment cette nourriture. Celui qui l'aura cuisinée sera heureux rien qu'à voir combien vous l'appréciez. Quand vous cuisinez pour vos enfants et que vous voyez le plaisir qu'ils ont à manger, vous vous dites que vous pourriez passer le restant de vos jours à cuisiner, rien que pour savourer leur plaisir !

La même chose vaut pour la vie. Le Créateur nous fait don de la vie et la meilleure façon de dire « Merci, Seigneur, pour la vie » est d'être heureux de vivre, de vivre sa vie de façon intense, en étant qui l'on est vraiment. La vie passe si vite. Même si l'on vit cent ans, la vie est encore trop courte. Qu'allons-nous faire de notre vie ? Faut-il la passer à s'apitoyer sur soi-même ? Ou à créer des conflits avec ceux qu'on aime en les jugeant, en essayant de les contrôler ou en leur disant comment l'on voudrait qu'ils se comportent ? Faut-il passer sa vie à avoir peur de vivre, peur d'exprimer ce que l'on est dans ce monde ?

L'art d'exprimer sa gratitude envers la vie consiste à être vraiment vivant, et non à se cacher de la vie dans un coin, ou à la regarder nous passer devant. Notre plus grande peur n'est pas de mourir, mais de vivre, d'être nous-mêmes, de dire ce que nous ressentons, de demander ce que nous voulons, de dire « oui » quand nous voulons dire « oui », et « non » quand nous voulons dire « non ». C'est en exprimant ce qu'il y a dans notre cœur que nous sommes vraiment vivants. Si nous prétendons être qui nous ne sommes pas, comment pouvons-nous être vraiment vivants ?

Vivre dans la gratitude, c'est savourer chaque moment de ce précieux don que nous fait Dieu.

Pas besoin de dire « Merci, Seigneur, pour la vie » : on peut Lui montrer sa gratitude en vivant dans le bonheur et l'amour. La gratitude est l'une des plus grandes expressions d'amour. Lorsqu'on maîtrise la gratitude, on offre son amour avec générosité, car on sait que l'amour n'a pas de fin. Quoi que nous donnions, nous le faisons avec générosité parce que le Créateur est si généreux envers nous. Et nous savons que nous sommes dignes de recevoir tout ce qu'il y a de bon dans la vie, parce que nous venons de Dieu et que Dieu est tout ce qui existe. Si Dieu est partout et qu'Il est présent en toute chose, comment Dieu peut-Il priver ses propres créations des présents de la vie ?

Aujourd'hui est un jour merveilleux pour être reconnaissant, pour exprimer toute la gratitude présente dans votre cœur. Pourquoi ne pas vous exercer à manifester votre gratitude à chaque instant, jusqu'à ce que vous la maîtrisiez, qu'elle devienne une habitude ? Plus vous mettez la gratitude en pratique, plus vous découvrez de raisons d'être reconnaissant(e), plus votre vie devient une célébration continue de joie et de bonheur. Lorsque vous maîtrisez la gratitude, vous voyez Dieu en tout, et cela déclenche en vous une réaction d'amour et de gratitude pour le plus grand de tous les dons : la vie.

Je propose que nous vivions le restant de nos jours dans la gratitude et l'appréciation de tout ce que nous recevons, du seul fait que nous sommes en vie. Rien que d'être vivant, d'avoir le plaisir de respirer, suffit à remplir notre cœur de gratitude.

Maintenant, ayons une puissante communion d'amour avec le Créateur. Sentez les mots qui suivent comme s'ils jaillissaient directement de votre cœur. D'un seul cœur, envoyons ces magnifiques paroles de gratitude à Celui qui nous a créés.

Prière pour la gratitude

Aujourd'hui, Créateur de l'Univers, mon cœur est rempli de gratitude pour le don de la vie que Tu m'as fait. Merci de me donner l'occasion de me servir de ce beau corps et de ce merveilleux esprit. Aujourd'hui, Seigneur, je souhaite exprimer ma gratitude pour tout ce que j'ai reçu de Toi.

Je sais que le meilleur moyen de dire merci pour la vie est de savourer pleinement chaque instant de mon existence. Et la seule façon d'accomplir cela, c'est d'aimer. Aujourd'hui, j'exprimerai tout l'amour et le bonheur présents dans mon cœur. J'aimerai tes créations, je m'aimerai moi-même et j'aimerai les personnes qui vivent avec moi. Je sais que la vie est trop courte pour être gâchée dans la tristesse et les conflits avec les gens que j'aime. J'apprécierai leur présence, en respectant leurs choix de vie, comme si c'étaient les miens.

Aujourd'hui, je vais recevoir Tes dons avec grâce, en sachant les apprécier, en me délectant de la beauté de toute la création. Aide-moi à être aussi généreux(se) que Tu l'es, à partager ce que j'ai avec générosité, tout comme Tu partages généreusement Tes dons avec moi. Aide-moi à devenir un maître de la gratitude, de la générosité et de l'amour, afin que je puisse me réjouir de toutes Tes créations.

Aujourd'hui, Seigneur, aide-moi à manifester ma création tout comme Tu manifestes l'univers, à exprimer la beauté de mon esprit à travers la forme d'art la plus élevée qui soit : l'art de rêver sa vie. Aujourd'hui, Seigneur, je t'offre toute ma gratitude et tout mon amour, parce que Tu m'as donné la vie. *Amen.*

5

L’humanité

JE CROIS AUX ANGES. Le mot *ange* signifie *messager*. Tout ce qui existe est la manifestation d'un seul Être, et Il se manifeste par l'intermédiaire de messagers. Ces messagers expriment la volonté de l'Être unique, et le messager suprême est la *lumière*.

La lumière est vivante, elle véhicule le message de la vie dans tout l'univers. La lumière, messager vivant, possède des milliards de fréquences différentes. Bien qu'elle ne soit qu'un seul être, elle se divise pour créer la vie sur notre magnifique Mère, la planète Terre. Chaque vibration de la lumière a un message spécifique pour chacune des formes de vie qui existent dans ce monde merveilleux. Il y a une fréquence de lumière spécifique qui véhicule l'information destinée à la création des humains. Ce rayon de lumière se manifeste sous la forme d'ADN et il ne crée que des humains, comme vous et moi. Nous sommes des êtres de lumière, parce que nous sommes des êtres d'énergie.

La force de vie qui se manifeste sous la forme d'humains reconnaît les êtres de son espèce. C'est l'âme de l'humanité et c'est un ange majeur.

L'âme de l'humanité est un messager ; vous aussi, vous êtes un messager et votre message, c'est votre vie.

Dans votre cœur se trouve le véritable message que les humains s'efforcent de transmettre. Durant tant d'années, nous avons transmis le mauvais message : un message de peur, d'égoïsme, de colère, de violence et d'injustice. Mais ce message n'est pas le nôtre. Les humains ont été créés pour l'amour ; notre fonction est d'aimer. La nature humaine consiste à partager l'amour, parce que nous venons de l'amour, nous venons de la lumière, nous venons du Créateur. Notre nature est d'aimer et de jouer, de jouir de la vie et d'être heureux.

Nous avons un message à transmettre, d'abord à nous-mêmes, puis aux autres. Ce message est de nous rappeler qui nous sommes vraiment, de nous souvenir de notre vraie nature et de devenir ce que nous sommes véritablement. Peu importe où nous sommes nés et quel langage nous parlons. Nous ne sommes qu'un seul être ; nous provenons du même rayon de lumière et nous sommes porteurs du même message. Notre message est l'amour et la joie.

Il vous est possible de recouvrer l'intégrité que vous avez perdue étant enfant. Vous pouvez retrouver le message que vous avez cessé de transmettre depuis si longtemps, et vous mettre à le propager à nouveau. La voix de l'intégrité, la voix de votre esprit, vous parle toujours, même quand vous ne voulez pas l'écouter. Et cette voix dit « Je t'aime ». Dans toutes vos activités, vous pouvez exprimer le véritable message de votre cœur, ce message que vous ressentez en ce moment même. Quand vous exprimez qui vous êtes vraiment, seule la beauté, seuls le respect, le bonheur et la joie peuvent se manifester en vous.

Aujourd'hui, imaginez tout l'amour qui s'écoule de votre cœur vers tous ceux qui en ont besoin. Unissez votre cœur au mien et, ensemble, offrons notre amour au monde. En unissant nos cœurs et en envoyant notre amour à toute l'humanité, un temps viendra où leurs cœurs réagiront à cet amour. Alors, ils exprimeront à leur tour leur propre amour, de la même façon que nous exprimons le nôtre.

Fortifions notre amour et envoyons-le dans nos foyers, à ceux qui vivent avec nous. Bénissons nos maisons, ainsi que chaque membre de notre famille. En même temps que ces bénédictions, envoyons tout notre pardon aux autres, et recevons en retour leur pardon pour tout problème qui a pu surgir entre nous.

Rassemblons nos cœurs et créons encore plus d'amour afin de l'envoyer à notre communauté, à notre pays, à toute l'humanité. Ensemble faisons croître notre amour jusqu'à ce qu'il soit si puissant que nous puissions aider quiconque souffre en ce moment même.

Envoyons notre amour à tous les orphelins, à tous les enfants que l'on maltraite. Envoyons-leur cet amour, afin qu'ils puissent ressentir la présence de l'esprit divin en eux.

Envoyons notre amour aux sans-abri et aux pauvres. Envoyons-le aussi à ceux qui se trouvent dans des hôpitaux, à ceux qui meurent, à ceux qui souffrent physiquement ou émotionnellement. Envoyons-leur notre amour, afin qu'ils ressentent le toucher de l'esprit dans leur cœur.

Envoyons notre amour à ceux qui vivent en prison, quoi qu'ils aient pu faire. Envoyons-le sans jugement, car ils ont tellement besoin d'amour.

Envoyons notre amour là où il y a la guerre, à toutes les familles qui ont perdu leurs enfants et les êtres chers. Envoyons notre amour à toutes les victimes de désastres dans ce monde, sans ressentir de tristesse pour eux, car c'est ce dont ils ont besoin.

Unissons nos cœurs et ensemble continuons de faire grandir notre amour. Puis envoyons-le dans tous les lieux où des tyrans maltraitent des innocents, dans tous les endroits où il y a des conflits, où des humains en maltraitent d'autres, afin que tous reçoivent un peu de compassion.

Ensemble, en aimant toute la création, offrons notre amour à Celui qui nous a créés. Envoyons notre amour au monde entier, à chaque organe de la planète Terre qui est en danger : les forêts, l'atmosphère, les océans, partout où il y a besoin de cet amour.

Et je veux aussi *vous* envoyer mon amour, dans votre cœur. Je veux que vous preniez cet amour et que vous l'utilisiez pour vous-même, pour arrêter de vous juger, pour vous pardonner, et pour pardonner quiconque vous a blessé(e) dans votre vie. Puis, remplissez suffisamment votre cœur d'amour pour vous accepter et pour vous honorer vous-même, en tant que création de Dieu.

Je crois aux anges. Je crois en vous. Je crois en moi. Je crois en nous. Transmettons donc le message le plus important au monde : le message de notre amour, le message de notre moi, notre *vie*. Ensemble, notre amour deviendra plus fort et plus puissant, et si nous vivons notre vie dans la gratitude et l'amour, nous ferons descendre le paradis sur terre.

Maintenant, fixez votre attention sur votre cœur, sur vos sentiments, et ressentez le véritable message de votre cœur. Ressentez dans votre cœur chaque mot de la prière qui suit, tandis que nous établissons une communion d'amour et de joie avec le Créateur.

Prière pour l'humanité

Aujourd'hui, Seigneur, aide-moi à transmettre le véritable message de l'humanité : un message de joie et d'amour. Aide-moi à transmettre ce message à mon propre mental, à cette partie de moi qui ne cesse de me juger et de me maltraiter. Fais que je l'apporte aussi à cette partie de moi qui juge les autres. À partir d'aujourd'hui, aide-moi à libérer mon mental de tous les faux messages que je transmets non seulement à moi-même, mais aussi à chaque être humain et à toute forme de vie sur cette magnifique planète.

Aujourd'hui, Seigneur, je manifeste mon amour dans chaque mot que je prononce, dans chaque action que j'entreprends, afin que tout ce que je fais devienne un rituel d'amour envers Toi. Je T'aime tellement que je Te vois partout. Il ne T'est pas possible d'échapper à mon regard, car mon amour Te trouve toujours.

À partir d'aujourd'hui, je respecterai et traiterai chacune de Tes créations comme je Te respecte et Te traite Toi. Je Te verrai dans les yeux de tous les êtres humains, derrière leurs masques, derrière les images qu'ils prétendent être. Je respecterai la vie qui se manifeste à travers moi, de telle sorte que chaque fois que je me regarderai dans un miroir, je verrai la beauté de Ta manifestation.

Merci, Seigneur, de m'avoir créé(e), afin que je puisse percevoir la beauté de Ta manifestation. Merci de m'avoir donné un corps émotionnel, afin que la seule perception de Ta présence divine me fasse connaître l'extase. Créateur, je sais que Tu es ma force de vie. Ensemble, nous pouvons créer le plus beau des rêves, un rêve d'amour, de paix et de joie. Ensemble, nous pouvons créer le paradis sur terre, pour le bonheur éternel de l'humanité. *Amen.*

6

Le silence intérieur

JE SOUHAITE ATTIRER VOTRE ATTENTION sur votre silence intérieur, un lieu en vous qui se trouve à l'origine de tout ce que vous êtes. C'est un espace entre vous et vous, un petit espace de création, de choix multidimensionnel, où le rêve de la vie commence.

Détendez complètement votre corps. Libérez-vous de toute tension. Détachez-vous des problèmes que vous rencontrez dans votre vie. Libérez-vous de toute pensée, de tout jugement. Détachez-vous de tout, et autorisez-vous à être présent(e) dans l'éternel maintenant. Prenez ce moment pour vous déconnecter du reste du monde, de la réalité telle que vous la connaissez.

Ignorez les bruits qui vous entourent. Installez-vous aussi confortablement que possible, de façon à ne pas avoir à bouger. Nous allons tester votre volonté de résister à la tentation de bouger votre corps. Qui est le plus fort : votre volonté ou la tentation de bouger ? Une fois que vous serez calme, vous pourrez être tenté(e) de bouger, d'ajuster votre corps, de vous lever et de voir ce qui se passe autour de vous. Usez de votre volonté et ne bougez pas. Même si vous sentez une mouche sur votre visage, ne bougez pas, ne vous grattez pas ! La seule chose qui peut encore bouger, ce sont vos poumons. Si votre volonté est forte, vous ne bougerez pas.

Lorsque vous serez resté(e) calme un certain temps, vous pourrez commencer à percevoir différentes sensations corporelles. Votre tête vous semblera peut-être grande, ou vos jambes et vos bras vous paraîtront bizarres. Si vous commencez à percevoir ce genre de sensations, vous êtes proche de l'interruption de vos pensées. Entre la fin d'une pensée et le début de la suivante, existe un espace. C'est dans cet espace que vous trouverez votre silence intérieur. Ce silence intérieur est un lieu de choix, dans lequel toutes les pensées qui vous traversent sont créées. C'est là que le rêve commence, là que vous pouvez être témoin de la création de la pensée.

Une fois que vous aurez trouvé le silence intérieur de votre esprit, vos sens vont commencer à s'éveiller. Peut-être entendrez-vous des oiseaux chanter et vous sentirez-vous en communion avec eux. Peut-être que ce sera la pluie que vous entendrez, et vous vous sentirez en communion avec elle. Vous pourrez aussi entendre de la belle musique, ou encore le silence, ou le battement de votre cœur. Laissez émerger le ressenti lorsque vous percevez ces sons qui déclenchent de merveilleuses émotions en vous.

Concentrez maintenant toute votre attention sur vos poumons. Imaginez que seuls existent vos poumons et l'air. Sentez l'air dans vos poumons comme vous ne l'avez jamais senti auparavant. Observez votre réaction émotionnelle à chaque inspiration. Vous vivez avec l'air la plus extraordinaire des communions.

Inspirez lentement, de façon à sentir l'air dilater vos poumons. Sentez le plaisir que vous procure l'air qui pénètre vos poumons. Prolongez ce plaisir en inspirant très, très lentement, puis gardez l'air en vous jusqu'à ce que vous ressentiez le besoin d'expirer.

Rejetez l'air très, très lentement, de façon à ressentir le plaisir qu'il vous procure en libérant vos poumons. Continuez d'expirer jusqu'à ce que vous sentiez le besoin d'inspirer à nouveau. Inspirez à nouveau lentement, jusqu'à ce que vos poumons soient pleins, puis laissez l'air s'échapper lentement. Chaque fois que vous inspirez et expirez, sentez le plaisir que vous ressentez à être en vie, le plaisir de respirer. C'est quelque chose de tellement simple que nous finissons par considérer chaque instant de notre vie comme acquis.

Maintenant, je souhaite attirer votre attention sur vos émotions. Imaginez que l'air est constitué d'amour. Chaque fois que vous inspirez, l'amour remplit tous vos poumons. Votre réaction émotionnelle consiste à accepter tout l'amour qui pénètre votre corps, et vous y réagissez en aimant cette connexion merveilleuse. Vous n'avez pas peur de recevoir tout cet amour et vous l'appréciez comme vous ne l'avez jamais fait auparavant. Prolongez ce plaisir en dilatant vos poumons au maximum, jusqu'à ce que vous ressentiez le besoin d'expirer.

Inspirez à nouveau lentement, et tandis que l'amour remplit vos poumons, laissez-le déborder dans votre cœur. Ouvrez votre cœur et laissez l'amour le remplir. Lorsqu'il est rempli au maximum, sentez cet amour passer dans vos veines et vos artères, et remplir chaque partie de votre corps. Imaginez que tout votre corps et votre psyché sont complètement guéris de cette manière.

Chaque fois que vous inspirez, imaginez que tout cet amour passe directement dans votre cœur et qu'il circule dans tout votre corps, nettoyant toutes les émotions et tous les concepts contenus dans votre cœur et dans votre tête. Sentez comment cet amour pénètre dans chaque cellule, chaque organe et le moindre espace de votre corps. Sentez que votre corps tout entier est purifié et nettoyé. Visualisez comment cet amour élimine toutes les toxines de votre corps, ainsi que toutes ses douleurs. Voyez votre sang évacuer tout ce dont il n'a plus besoin.

Inhalez tout l'amour qu'il vous est possible d'absorber, puis expirer tout ce dont vous n'avez plus besoin. Utilisez tout l'amour qu'il y a à l'extérieur de vous afin d'éveiller celui qui se trouve en vous. Inspirez encore une fois tout cet amour, puis expirez lentement, et envoyez tout cet amour dans le monde, sans résistance. Imaginez que vous n'avez pas peur d'offrir votre amour au monde. Votre amour est si grand que vous pouvez l'envoyer au monde entier et qu'il demeure pourtant infini.

Continuez de faire usage de votre imagination et imaginez maintenant que chaque atome de votre corps est une petite étoile. Visualisez votre corps comme un univers tout entier, constitué de milliards et de milliards de petites étoiles. Imaginez que toute la création est faite d'étoiles. N'existent que des étoiles et l'espace qui les sépare.

L'espace entre les étoiles est bien plus grand que celui qu'elles occupent, mais il n'est pas vide : il est rempli de lumière. Cette lumière contient la force qui met les étoiles en mouvement, la force qui forme les atomes, les molécules, tout ce qui existe ! La lumière véhicule toute la sagesse et toute l'information de l'univers. La lumière est un messager, et son message est la *vie*. C'est la *vie* qui crée les étoiles ; c'est la *vie* qui crée les atomes de votre corps ; c'est la *vie* qui est le messager de la parole. La *vie* est une force, c'est de l'énergie pure, elle est le *vrai* vous.

Imaginez que vous êtes la *vie* et que vous passez à travers toute chose, partout. Vous êtes toujours en action, toujours en train de vous transformer. Imaginez-vous comme un nouveau-né grandissant sous vos yeux, devenant un enfant, puis un jeune adulte, un humain mûr, un vieil humain, puis un corps vide sans *vie*... sans vous. Imaginez que vous êtes la force qui provoque tout ce processus, la force qui agit sur toutes les espèces de l'univers : chaque être humain, chaque poisson, chaque plante, chaque arbre.

Vous êtes la force qui fait s'ouvrir la rose. Vous êtes la force qui crée les pensées de votre esprit. Vous êtes la force qui crée tout votre rêve, au moyen de la connaissance, de l'imagination, de la mémoire et des émotions. Sans vous, sans la *vie*, tout le rêve se dissout et la conscience disparaît. Vous êtes pure conscience, et la matière physique est le miroir de cette lumière qu'est la *vie*. Sans vous, votre corps s'effondrerait et se désintégrerait. Mais vous, la force de *vie*, vous êtes éternel(le).

Maintenant, imaginez que la *vie* est la même force que l'*amour*. Inspirez puis expirez. À chaque respiration, l'amour des étoiles s'unit à l'amour existant entre vous et les atomes de votre corps, et il devient un. Chaque fois que vous inspirez, vos poumons se dilatent, et toutes les étoiles de votre corps avec eux. Chaque fois que vous expirez, vos poumons se contractent, et toutes les étoiles de votre corps également. Le microcosme et le macrocosme ne sont qu'un seul être. À chaque respiration, toutes les étoiles du cosmos se dilatent et se contractent au même rythme que celles de votre corps. Sentez le lien existant entre le rythme de vos poumons et l'expansion et la contraction du cosmos. C'est là la communion d'amour entre vous et Dieu.

Depuis que vous êtes né(e), et même avant cela, vous êtes en interaction avec la *vie*, qui est Dieu, et que nous pouvons aussi appeler *esprit divin*. Quand vous vous imaginez que vous êtes vos poumons et que l'air est constitué d'amour, la seule chose que vous respirez est de l'amour divin. Lorsque vous percevez la lumière, tout l'objet de votre perception est l'esprit divin. Tout ce que vous entendez, tout ce que vous ressentez est l'esprit divin. Peut-être n'avez-vous jamais remarqué que vous n'avez d'interaction qu'avec l'esprit divin, parce qu'il est la seule chose qui existe.

Ressentez votre relation à l'esprit divin, celui-là même qui vous a créé(e). Chaque respiration est l'acte d'amour le plus merveilleux qui soit avec l'esprit divin. Chaque fois que vous inspirez, l'esprit divin pénètre en vous, vous vous fondez en lui, vous devenez un. Tout l'amour que vous ressentez n'est que l'esprit divin pénétrant en vous et prenant possession de vous. Chaque fois que vous expirez, votre amour est si intense et profond que vous pénétrez dans l'esprit divin et que vous vous unissez à lui. Et vous ne savez plus si vous êtes les poumons ou l'air, si vous êtes vous-même ou l'esprit divin.

Continuez de faire usage de votre imagination et imaginez que cette interaction d'amour entre vous et l'esprit divin est ce qui vous a créé(e). Imaginez que c'est par cette fusion entre votre souffle et l'esprit divin que tout ce qu'il y a dans l'univers a été créé.

Au commencement, la seule chose qui existait était l'esprit divin. Il était sans forme, paisible et rempli d'amour inconditionnel. Il n'y avait que l'obscurité sans fin, car cet esprit n'avait pas de miroir dans lequel se regarder. L'esprit divin pouvait se sentir lui-même, et c'était merveilleux, mais il fut ensuite pris d'un désir irrésistible de se voir. Alors il vous a créé(e), vous, et il pouvait ainsi se voir en vous, car vous êtes le miroir. Vous réfléchissez sa beauté, et dès qu'il se voit en vous, son cœur est si débordant d'amour pour vous qu'il ressent le besoin de s'unir à vous. Alors tous deux, vous fusionnez ; mais dès que cela se produit, l'esprit est à nouveau un, à nouveau seul, mais il se souvient de votre beau visage, et vous lui manquez. L'esprit divin veut à nouveau vous voir et son désir est si puissant qu'il vous crée à nouveau. Il voit à nouveau votre merveilleux visage, et son amour pour vous est si fort qu'il ressent à nouveau le besoin de se fondre en vous. Alors vous fusionnez de nouveau, et il est à nouveau seul. Vous lui manquez, et son désir de vous revoir est si fort qu'il vous crée une fois encore. Puis vous refusionnez, puis il vous recrée, puis vous fusionnez encore, et encore, et encore.

Lorsque l'esprit divin existe en tant que matière, il ressent l'extase de Dieu qui passe à travers lui. Lorsque l'esprit divin est sans forme, il est cette extase qui pénètre la matière, lui donnant forme. L'esprit divin, la lumière de Dieu, va et vient, se manifeste puis se dématérialise. C'est le rythme de la vie, la rime de l'amour. C'est par cette interaction que la *vie* crée les étoiles, que la *vie* crée la matière, et que la matière devient le miroir qui reflète la lumière. La matière est une éternelle reproduction de lumière. Et nous, *la lumière,* nous, *Dieu,* nous nous manifestons sous des milliards de formes différentes pour explorer et célébrer la vie.

* * *

Toute votre vie, même si vous ne le saviez pas, vous avez été en interaction constante avec l'esprit divin pour cocréer un monde d'illusion : le rêve de votre vie. Vous êtes un(e) grand(e) magicien(ne) de naissance, et, grâce à ce don de magicien, vous créez votre histoire personnelle. Dans votre histoire, il y a des centaines de personnages, mais l'histoire tourne principalement autour de vous. Les autres personnages vous aident à justifier votre interaction avec l'esprit divin.

Le silence intérieur, l'espace entre les pensées, est le lieu où vous pouvez être le témoin de la création des différentes images de l'esprit. Le silence intérieur est le lieu de la connaissance silencieuse, le lieu où vous savez tout, où vous voyez qu'il existe de nombreux choix. C'est le commencement du rêve et, à partir de ce lieu, il vous est possible de commencer à diriger le rêve.

Rien n'est impossible à la *vie*. La vie a le pouvoir de tout créer, sans limites. Et parce que vous êtes la vie, comme par magie, vous pouvez changer le rêve de votre vie. De ce point de vue, vous pouvez faire basculer votre attention de votre raison vers la réalité de la lumière et de l'amour. Par ce simple changement de perception, tous les rêves que vous pouvez imaginer peuvent se réaliser. Vous n'avez plus à vivre dans un cauchemar : vous pouvez vivre au paradis. Le choix vous appartient. Vous pouvez utiliser le silence intérieur pour commencer à vous détacher de tout ce que vous croyez à propos de vous.

Imaginez un instant ce que vous pourriez faire si vous croyiez vraiment que vous êtes la *vie*. Imaginez tout ce qu'il vous serait possible de faire si vous aviez cette conscience que vous êtes une manifestation de Dieu. Ce n'est pas de la théorie. Vous êtes la *vie*. Vous êtes la force qui crée le rêve de votre esprit ; la force qui met votre corps physique en mouvement. Mais vous n'êtes pas seulement votre corps physique ; ce dernier n'est que votre manière de manifester la lumière de Dieu dans ce monde. La vie existe sans la matière telle que nous la connaissons, sous ses diverses formes, et même dans d'autres réalités. Il existe des millions de réalités différentes, et du moment que vous êtes la vie, vous pouvez vous manifester dans n'importe laquelle des réalités qui existent dans l'univers.

Ouvrez-vous à l'idée que vous pourriez développer une toute nouvelle relation avec Dieu, dont le commencement est la conscience. Grâce à la conscience, vous pouvez percevoir l'esprit divin et comprendre que tout ce qui existe dans l'univers est une expression de Dieu. Il n'y a que vous et Dieu ; rien d'autre. Sentez la présence de l'esprit divin dans votre corps physique. Sentez la vie qui vit en vous. Cette *vie* est Dieu.

Prière pour la Divinité

Merci, Créateur, Toi qui nous donnes la *vie*, pour le don de la conscience que Tu m'as accordé. Merci pour tout ce que j'ai reçu aujourd'hui, en particulier pour la liberté d'être qui je suis. Je sais que je suis l'esprit divin. Je sais que je suis la force de *vie*, la manifestation de Ta puissance qui devient la vie des hommes. Aide-moi à recouvrer ma conscience divine et à humblement accepter ma propre divinité.

Aujourd'hui, Créateur, est un jour merveilleux pour avoir une communion d'amour avec Toi. Je sais que je suis une expression de Ton amour divin. Fais que j'accepte Ton amour parce que j'en suis digne, parce que Tu m'as créé(e), et Tu ne crées que la perfection.

Aujourd'hui, Créateur, je ferai usage de ma vie pour exprimer Ta volonté et pour offrir ma joie où que j'aille. Merci de m'offrir l'occasion d'imaginer tout ce qui pourrait advenir si je basculais mon point de vue et que j'acceptais ma propre divinité. *Amen.*

7

Le jour du mariage

Aujourd'hui peut être le commencement d'une nouvelle vie pour vous. Vous pouvez en faire un jour unique pour exprimer ce qui est dans votre cœur.

Imaginez qu'aujourd'hui soit le jour de votre mariage. Vous allez vous marier, et l'attente de la joie et du bonheur remplit votre cœur. Imaginez que vous êtes la fiancée et que l'homme que vous allez épouser est le partenaire idéal pour vous. Il est exactement le genre de personne que vous avez toujours rêvé d'épouser. Tout est parfait, et vous voulez être prête pour cette union.

Que signifie *être prête pour cette union* ? Comment allez-vous traiter celui que vous aimez tant ? Comment allez-vous traiter quelqu'un qui vous laisse vous exprimer complètement, qui respecte votre liberté et n'a nul besoin de vous contrôler ? Comment allez-vous traiter quelqu'un qui vous aime telle que vous êtes, et pas seulement comme cela, mais *en raison même* de ce que vous êtes ; quelqu'un qui ne vous maltraite jamais, qui ne prononce jamais de paroles blessantes à votre encontre ; quelqu'un qui vous respecte tellement que vous pouvez être qui vous désirez être, faire tout ce que vous avez envie de faire, ressentir tout ce que vous désirez.

Êtes-vous prête pour cette relation ? Êtes-vous en mesure de permettre à votre bien-aimé d'être lui-même, sans jugement ? Êtes-vous capable de l'aimer tel qu'il est, sans essayer de le changer ? Pouvez-vous le respecter à tel point que vous n'avez jamais besoin de lui dire comment agir, comment il doit être, ce qu'il doit croire ou ne pas croire ? Parvenez-vous à l'aimer tellement que vous ne mettez aucune restriction à sa manière d'exprimer sa vie, son esprit ? Êtes-vous capable de l'aimer ainsi ?

Êtes-vous prête pour ce mariage ? Pouvez-vous aimer et offrir votre amour de la même manière que votre bien-aimé le fait ? Êtes-vous en mesure de vivre le reste de votre vie en communion totale avec votre bien-aimé, de sorte que vous aimez sans raison ? Pouvez-vous consacrer toute votre vie à l'amour, de sorte que chaque expression de votre vie, tout ce que vous dites ou faites, soit une manifestation d'amour ?

Tout comme ce mariage avec votre bien-aimé, être mariée à l'amour est un choix. Vivre votre vie avec amour est un choix. Fermez les yeux un instant et imaginez quelle serait votre relation avec le reste du monde si l'amour se mouvait sans cesse en vous. Imaginez ce que vous diriez, ce que vous ressentiriez, ce que vous feriez, si l'amour vous habitait. Imaginez quelles seraient vos relations avec votre père et votre mère, avec votre conjoint, avec votre fils ou votre fille, avec vos amis, votre patron ou vos collègues, avec n'importe qui dans la rue.

Imaginez qu'à dater d'aujourd'hui, jour de votre mariage, votre vie va changer pour toujours, sous tous ses aspects. Imaginez que vous vivez votre vie sans juger les autres, ni leur faire de reproches. Puisque vous aimez, vous ne dites jamais de mal de personne ; le besoin de médire a pris fin. Vous n'avez que des mots d'amour pour chacun. Vue avec les yeux de l'amour, toute votre réalité a changé ; tout vous paraît magnifique. Avec les yeux de l'amour, vous voyez la grandeur de tous ceux qui vous entourent. Peu importe ce qui sort de leur bouche ; vous voyez ce qu'il y a derrière leurs plaies émotionnelles, derrière leur colère, leur haine ou leur jalousie. Et vous voyez que les émotions qu'ils expriment ne sont que la conséquence des mauvais traitements qu'ils ont subis, principalement d'eux-mêmes, en raison d'une estime de soi insuffisante, voire inexistante.

Imaginez comment vous vous traiteriez vous-même, si l'amour se mouvait en vous à chaque instant. Quelle serait votre opinion de vous-même ? Quels jugements porteriez-vous sur vous, si l'amour se mouvait en vous ? Si vous commenciez à vous traiter avec amour, pouvez-vous seulement imaginer tous les changements que cela déclencherait, comme par magie, dans votre vie ? Vous ne seriez plus jamais en colère. Vous ne seriez jamais jalouse d'autrui. Il vous serait impossible de ressentir de la haine. À l'instant même où l'amour se mettrait à se mouvoir en vous, vous lâcheriez tout résidu de colère envers ceux qui vous auraient fait du tort. Vous n'auriez même pas besoin de pardonner à qui que ce soit, car il n'y aurait plus rien à pardonner. Votre esprit serait totalement guéri, si l'amour se mouvait en vous.

Maintenant, souvenez-vous de ce qu'était votre vie avant d'être mariée à l'amour. Où se trouvait le respect envers vous-même ? Combien de fois vous jugiez-vous et vous culpabilisiez-vous ? Combien de fois disiez-vous du mal de vous-même, y compris à autrui ? Combien de limites mettiez-vous à l'expression de votre vie ? Comment traitiez-vous votre bien-aimé, avant d'être mariée à l'amour ? Où se trouvait votre respect envers celui que vous étiez censée aimer ? Combien de fois l'orgueil vous a mise en conflit avec ceux que vous aimez le plus ? Si vous parvenez à voir comment vous traitiez non seulement vous-même mais aussi les autres, avant d'être mariée à l'amour, vous renoncerez certainement à ce genre de vie et vous accepterez l'amour dans votre existence.

Durant un baptême, l'officiant peut vous demander : « Renoncez-vous à Satan ? Acceptez-vous Dieu ? » Alors je vous demande de même : renoncez-vous à la façon dont vous vous traitiez ? Renoncez-vous à la façon dont vous vous jugiez, dont vous vous culpabilisiez et vous punissiez, vous et tous les autres ? Acceptez-vous l'amour dans votre vie ? Êtes-vous d'accord de vivre une idylle éternelle avec Dieu ? Voilà le sens réel du baptême : c'est un mariage avec Dieu. Mais on pourrait aussi parler de mariage avec l'*amour*. Lorsque vous laissez votre cœur se remplir d'amour envers vous-même, votre vie change du tout au tout. Vous n'êtes plus la même, parce que vous renoncez à la peur, à la colère, à la tristesse et la jalousie. Vous renoncez à la souffrance et aux drames émotionnels, et vous acceptez l'amour et la joie dans votre vie. Et vous découvrez qu'être heureuse ne demande pas tant d'efforts. Votre vie devient facile, merveilleuse et belle.

Aujourd'hui peut devenir le jour le plus merveilleux de votre vie. Cela pourrait vraiment être le jour de votre mariage : le jour où vous vous unissez à vous-même, au *vrai* vous. Cela semble très facile et, en fait, c'est facile. Nous rendons cela difficile simplement parce que c'est nous qui nous limitons. C'est nous qui rendons nos vies impossibles, puis qui faisons des reproches à tout le monde : à notre famille, à nos amis, au gouvernement. Parfois, nous en faisons même à Dieu. Mais en réalité, c'est nous qui nous créons un cauchemar vivant. Rien ne nous oblige à vivre notre vie ainsi. Il y a une autre manière d'être, une autre façon d'entrer en relation avec soi-même et avec autrui, et cette autre manière, c'est l'amour. Aimer est simplement un choix. Nous choisissons l'amour ou nous choisissons la peur ; nous ne pouvons pas servir deux maîtres.

Les humains prétendent jouir du libre arbitre, mais est-ce vraiment vrai ? *Avoir le libre arbitre* signifie *disposer du pouvoir de faire un choix.* Quand on a ce pouvoir, choisit-on vraiment d'être en conflit avec ses parents ? Est-ce un choix que de vivre des drames avec ses enfants ? Est-ce vraiment là notre choix ? Être en colère ou jaloux, est-ce notre choix ? Ou encore, dire des choses que nous ne voulons pas dire, puis les regretter plus tard et nous sentir coupables ? Est-ce notre choix, encore, de faire des choses que nous ne voulons pas faire, puis de nous en sentir coupables ? Est-ce cela, le libre arbitre ?

Je peux vous garantir que lorsqu'on a son libre arbitre, quand on a vraiment le *pouvoir* d'effectuer un choix, le seul choix c'est Dieu. Le seul choix c'est l'amour, la joie et le bonheur. Si l'on ne fait pas ce choix, alors c'est que l'on n'en a pas le pouvoir, ce qui veut dire que l'on n'a pas de libre arbitre. Mais on peut recouvrer son libre arbitre ; ce n'est même pas difficile, sauf si l'on en fait une difficulté. Si notre vie ne va pas, c'est de notre faute ; ce n'est pas parce que la vie est dure. Si nos relations ne marchent pas, c'est notre responsabilité ; nous ne pouvons pas en accuser l'extérieur.

Aujourd'hui peut être le jour le plus merveilleux de votre existence. C'est le jour parfait pour réévaluer votre relation avec vous-même, et celle que vous avez avec votre bien-aimé(e), avec votre mère et votre père, avec vos enfants, vos amis, avec votre entreprise, avec votre patron ou vos employés. C'est le jour parfait pour réévaluer votre relation à Dieu. Vous pourriez vous marier aujourd'hui ? Êtes-vous prêt(e) pour votre mariage ?

* * *

J'ai envie de partager une histoire personnelle avec vous. Autrefois, j'avais oublié ce que j'étais. Je ne savais vraiment plus ce que j'étais, et j'avais le sentiment qu'il fallait que je justifie mon existence. Lorsque j'étais adolescent, au lycée, j'allais à un cours de philosophie. Le professeur nous raconta que durant des milliers d'années, les philosophes et les penseurs ont essayé d'expliquer le sens de la vie. Ce professeur avait de grandes idées concernant le sens de la vie, et il parlait avec tant d'autorité que tout le monde le croyait. Puis, il nous dit : « Vous devez trouver le sens de la vie. Ce n'est qu'en trouvant le sens de la vie que vous serez heureux. » Quel mensonge ! Mais ça sonnait bien, alors je l'ai cru. J'ai essayé de trouver un sens à ma vie, de trouver quelque chose pour justifier mon existence, afin que je ne meure pas sans que personne sache que je n'ai jamais existé.

J'ai cherché de nombreux sens différents à ma vie, jusqu'au point où je me suis retrouvé dans une telle confusion que je ne savais même plus ce que je cherchais. J'essayais d'être le meilleur en tout : je ne me contentais jamais de moins que le meilleur. J'ai même signé un contrat avec une équipe professionnelle de football au Mexique. Ensuite, il m'a fallu choisir entre aller à la faculté de médecine ou devenir joueur professionnel de football.

J'ai choisi la fac de médecine, parce que cela avait davantage de sens, plus d'importance. Je me suis alors perdu dans la science médicale ; je me suis perdu dans toute cette importance personnelle que l'on s'accorde à soi-même. À tant essayer de lui trouver un sens, je passais à côté de la vie.

Puis, un jour, toute mon existence a changé. J'ai rencontré l'amour de ma vie, mon plus grand instructeur, l'ange de la mort. Elle était magnifique, et – croyez-le ou non – elle me rendait visite dans mes rêves. Je savais qu'un jour je la rencontrerais physiquement, en chair, et je savais aussi que ce jour-là, je n'aurais aucune chance.

Je me suis créé toute une mythologie concernant l'ange de la mort – mon instructrice, mon amante – et je me suis complètement donné à elle, car il n'y avait qu'ainsi que je pouvais connaître le plaisir extrême dans la vie. L'ange de la mort m'a beaucoup appris, et j'ai renoncé à beaucoup de mes anciennes croyances. Puis un jour, dans ma mythologie personnelle, j'ai rencontré quelqu'un de meilleur que l'ange de la mort. Je me suis dit que l'ange de la mort devait m'avoir préparé pour ce mariage avec mon véritable amour. Cette fois, ça y était. Il fallait que je me marie ou elle ne m'accepterait jamais. Mais il n'y avait qu'une seule façon de l'épouser : d'un amour inconditionnel. Étais-je prêt pour ce mariage ? Je n'en étais pas si sûr, mais l'ange de la mort m'a dit : « Oui, tu es prêt. Tu n'as rien à perdre. »

Alors, de tout mon courage, j'ai fait ma demande en mariage à l'ange de la vie, à Dieu[1], et Elle a dit oui. Pouvez-vous vous imaginer un mariage avec Dieu ? Je n'étais certainement pas le premier à me marier avec Dieu. Il y a de nombreuses religions dans lesquelles les gens renoncent au monde et se marient à Dieu. Pour moi, ce devait être pareil : si j'épousais Dieu, il me fallait renoncer à mon monde, à mon vieux rêve. J'aimais Dieu inconditionnellement, dans toutes ses manifestations. Comment pouvais-je aller vers Dieu avec mes vieilles croyances, ma vieille histoire ?

Dans ma nouvelle histoire, si quelque chose ne fonctionne pas dans notre relation, c'est évidemment à cause de moi. Comment pourrais-je en rendre Dieu responsable ? Dieu est parfaite ; Elle est merveilleuse ; Elle est belle. Quand je vais au sommet d'une montagne, et que je vois la beauté avec laquelle Elle se manifeste, je sais qu'Elle est la plus grande artiste de tous les temps. J'aime et je respecte chacune de Ses créations. J'honore et je savoure chaque création de Dieu, mais je ne peux jamais en posséder, car tout Lui appartient. Je sais que Dieu m'aime tel que je suis,

[1] À partir d'ici, don Miguel parle de Dieu au féminin (NdT).

et si Elle m'aime ainsi, pourquoi ne pas m'aimer moi aussi de la même façon ? Comment puis-je me juger de façon injuste ou blesser mon corps physique ? Si je me maltraite, c'est la création de Dieu que je maltraite.

Je sais que ce corps physique mourra un jour. L'ange de la mort peut le prendre dès maintenant, si Elle le souhaite, et je n'aurai aucun regret, car mon histoire est complète. Mais si Elle me garde ici, eh bien j'ai un jour de plus pour jouir de ma lune de miel avec Dieu. Mon histoire est si romantique : je vis une idylle sans fin avec Dieu. Je suis si amoureux d'Elle que je vois son visage dans chaque fleur, dans chaque personne ; je vois Dieu partout. Je sais que lorsque l'ange de la mort emportera mon corps physique, je serai encore avec Dieu. Je n'en ai pas le moindre doute. Comment pourrais-je avoir peur de mourir alors que j'ai une foi totale envers Dieu ? Et si quelque chose de négatif m'arrive, Dieu n'y est pour rien. Je vois cela comme un cadeau qui me permet d'explorer un autre aspect de la vie. Je ne vois que la perfection, parce que Dieu est parfaite.

Dieu nous a créés pour que nous soyons des conteurs, des rêveurs. Ma foi est engagée à 100 % dans cette histoire, et j'y crois parce que je veux la croire. Du moment que je dois de toute façon créer une histoire, et dans la mesure où j'en ai le choix, je ne crois pas que je puisse en créer de meilleure que celle-ci. Et, devinez quoi ? Dans mon histoire, vous aussi, vous êtes le mari de Dieu ou sa femme.

Voilà quelle est ma mythologie, et en croyant cette belle histoire, je vis ma vie de la façon la plus merveilleuse, avec le rêve le plus magnifique. Je sais que ce n'est qu'une histoire, mais je me rappelle celle que je croyais avant que l'ange de la mort ne me visite. Cette histoire-là n'était pas vraie non plus, mais il est hors de question que je la revive ou que j'y croie à nouveau.

Je ne vois que Dieu, et je l'aime tellement qu'Elle ne peut pas se cacher de moi. Si Elle m'aime, tant mieux ; si Elle ne m'aime pas, tant mieux. Mais je crois qu'Elle m'aime et que je suis digne de Son amour. Pourquoi pas ? Il y a bien longtemps, je croyais ne pas en être digne. Tout cela me semble tellement bizarre, maintenant. Tout le monde est digne de Son amour. Si vous croyez ne pas être digne d'amour, vous croyez en un mensonge.

L'ange de la mort vous préparera à votre mariage en vous permettant de voir la beauté de la vie. Saurez-vous comment vous y prendre avec Dieu ? Saurez-vous comment vous y prendre avec tout cet amour ? Imaginez-vous au sommet d'une montagne, vous unissant à Dieu, à toute cette beauté, à tout cet amour. N'auriez-vous pas envie de garder cet amour pour le restant de vos jours ? N'auriez-vous pas envie de toujours vivre ainsi ?

Vous avez été créé(e) pour réagir émotionnellement à la beauté de la création, pour vivre dans la félicité et en harmonie avec toute la création. Mais votre histoire ne vous permettra pas de connaître cette félicité, tandis que mon histoire à moi me maintient dans cet état de félicité, parce que chacune de mes habitudes, chacune de mes routines consiste à aimer, à apprécier la vie, à donner le 100 % de moi-même afin que mes rêves se réalisent. Et je n'ai guère d'ambitions, en réalité, sinon de continuer de créer cette belle histoire et à la partager où que j'aille.

Aujourd'hui peut être le plus grand jour de votre vie, le jour où vous changez finalement d'histoire. Vous pourriez vous marier aujourd'hui ; mais pour être prêt à ce mariage, vous devez tout d'abord régler tout ce qui ne l'est pas. Vous devez dire « Je t'aime » à tous les gens que vous aimez, et leur faire savoir que vous voulez qu'ils soient heureux. Pour qu'ils soient heureux, il faut que vous leur pardonniez ; ils ont besoin de sentir que vous leur pardonnez. Pas besoin de les appeler au téléphone, ni même de souffrir au cours de ce processus. Souffrir n'est qu'un choix. Être heureux et vivre une idylle divine avec la vie est également un choix.

* * *

Dans toutes les écoles du mystère, le jour du mariage est appelé la *cérémonie du feu*. La cérémonie du feu est un moment d'illumination au cours duquel on fusionne avec la vie. C'est un mariage avec Celui qui nous a créés, et c'est donc le jour où vous recouvrez la conscience divine.

Fermez les yeux un instant, et installez-vous confortablement. Imaginez que vous êtes prêt(e) pour votre mariage. Imaginez que votre cœur est rempli d'amour. Votre bien-aimé(e), Dieu, vous attend devant l'autel, et vous n'avez que quelques minutes pour vous abandonner à l'amour qui remplit votre cœur. Vous allez vous consacrer à la relation la plus merveilleuse qui soit, à votre union (ou votre réunion) avec Celui qui vous a créé(e).

Imaginez que votre amour irradie à travers le sourire magnifique qui illumine votre visage, à travers vos yeux et votre cœur. Sentez votre cœur qui crie : « Oui ! Je t'accepte, Dieu. Je t'accepte, mon amour. Oui ! » Donnez-vous totalement à la bonté de l'amour, et avec cet amour, faites-en sorte que chaque personne dans votre vie sache combien vous l'aimez. Le seul fait de dire « Je t'aime » suffit pour que vous ressentiez votre propre divinité.

Imaginez la force de vie qui passe dans votre corps physique. Vous ressentez une communion d'amour avec le Créateur, et vous êtes prêt(e) à partager la joie de cette union avec chacun. Désormais, votre vie représente une union avec Dieu. Votre vie est consacrée à l'amour ; votre vie est consacrée à la joie et au bonheur. C'est le paradis sur terre, et ce choix est entre vos mains. Le paradis sur terre, c'est un mariage dont Dieu est le fiancé et vous la fiancée (et vice versa), et vous vivez une lune de miel éternelle.

8

Le cercle de feu

CETTE PRIÈRE MAGNIFIQUE est intitulée « Le cercle de feu ». Le cercle représente la terre, et le feu l'esprit. Plus qu'une prière, « Le cercle de feu » est un contrat[2] de mariage avec Dieu, notre Créateur. Nous proposons une nouvelle relation à Dieu, et peu importe que Dieu l'accepte ou non, même s'il est relativement sûr qu'Il l'acceptera. Ce qui compte, c'est que nous acceptions ce contrat, cet accord, dans la moitié de la relation qui nous concerne[3], que nous fassions notre part du travail, que nous vivions notre vie en accord avec ce contrat.

Si nous investissons cette prière de notre foi, si nous respectons cet accord, nous pouvons créer le paradis sur terre. Il suffit de mettre en pratique cette prière pour que nous vivions pour toujours

---

[2] *Agreement of matrimony* signifie littéralement *accord* de mariage, comme lorsque Miguel Ruiz parle des *Quatre accords toltèques* (Éd. Jouvence, 1999).

[3] Dans *La maîtrise de l'amour* (Éd. Jouvence, 1999), Miguel Ruiz développe cette idée qu'une relation est faite de deux moitiés, et que chaque personne ne peut s'occuper que de sa moitié de la relation.

dans l'amour et le bonheur. C'est quelque chose de si simple et de si facile à entreprendre. Mais il ne suffit pas de *dire* cette prière ; il nous faut la *vivre*. La vivre signifie aligner nos intentions et notre parole, investir nos paroles de notre foi, et sentir la réaction que cela provoque dans notre corps émotionnel. Notre corps émotionnel perçoit le sens de nos paroles, il y réagit, et cette réaction est un flot d'amour qui jaillit de nous. Par cette réaction, nous recouvrons notre divinité, nous mettons notre confiance en Dieu, et toute notre vie s'en trouve changée.

Installez-vous très confortablement et fermez les yeux un instant. Prenez une inspiration profonde et calmez complètement votre esprit. Dites cette prière très, très lentement, mot à mot, en mettant votre cœur dans chacun de ses mots. Ressentez toute la puissance de cette prière, tout l'amour et l'intention qui se trouvent en elle. Ouvrez votre cœur et laissez tout votre amour s'exprimer. Ne résistez pas à vos émotions ; ne résistez pas à votre amour. Lâchez prise et préparez-vous à une communion avec le Créateur.

Le cercle de feu

[Dites la date d'aujourd'hui]

Jour du Seigneur,
Où je recouvre ma conscience divine
et où j'exerce mon libre arbitre,
avec tout le pouvoir de mon esprit,
je décide de vivre ma vie
en libre communion avec Dieu,
sans rien attendre en retour.

Je vivrai ma vie avec gratitude,
amour, loyauté et justice
d'abord envers moi-même,
puis envers mes frères et sœurs.

Je respecterai toute la création
comme le symbole de ma communion d'amour
avec Celui qui m'a créé
pour le bonheur éternel de l'humanité.

Vivre cette prière, c'est être vivant, être en amour, être qui vous êtes vraiment. C'est cela, le but de cette prière. Vous pouvez changer l'histoire de votre vie à tout moment. C'est vous l'artiste, et la vie est votre œuvre. Chaque mot de cette prière est porteur de l'intention de guérir complètement votre esprit. Elle peut guérir toutes les blessures de votre corps émotionnel et vous aider à vous détacher de tout ce qui vous maintient dans les drames et les souffrances. Gardons cela en tête, et redisons cette prière, pas à pas, de façon à ce que vous perceviez le sens de chaque phrase.

[**Dites la date d'aujourd'hui**]

Dire la date d'aujourd'hui vous permet d'être présent dans l'éternel maintenant. Aujourd'hui, en cet instant même, c'est l'éternel maintenant. Il n'y a pas de passé, pas de futur. Le temps n'est qu'une illusion ; la vie n'est qu'un éternel moment présent. Aujourd'hui est le jour de la création ; cet instant précis est celui de la création.

En énonçant la date, vous déclarez qu'aujourd'hui est le jour où vous concluez un nouvel accord. Ce qui est arrivé il y a une semaine ou une heure n'a aucune importance. Seul compte votre intention en ce moment même, ce que vous ressentez en cet instant de création. Il s'agit d'une décision que vous prenez aujourd'hui, et c'est un choix continu que vous faites chaque jour, à chaque instant. Si vous souhaitez rajouter l'heure de la journée, vous pouvez aussi le faire, car vous ne vous souciez pas de ce qui arrivera dans cinq minutes ni dans une heure. Si vous brisez cet accord dans une heure, OK, vous l'avez brisé. Mais dans ce cas vous le reconcluez et vous ne cessez de le conclure encore et encore, jusqu'à ce que vous ne le brisiez plus.

Jour du Seigneur...
Chaque jour est le jour du Seigneur, car seul le Seigneur, notre Créateur, existe. Vous avez reconnu le jour du Seigneur, et vous croyez en Lui de toute votre foi. En ce jour, vous prenez un engagement envers Dieu, et c'est là un acte de pouvoir.

Où je recouvre ma conscience divine...
Ceci signifie que vous recouvrez la conscience de ce que vous êtes vraiment : Celui qui vous crée en ce moment même. Aujourd'hui est le jour de votre illumination, le jour où vous reconnaissez votre divinité et où vous vous fondez avec le seul Être qui existe. Vous, l'être humain, vous vous réveillez et vous vous unissez avec votre vrai moi, avec Dieu. Celui ou celle que vous avez cru être,

cette personne est partie, elle est allée rejoindre la divinité. Vous acceptez la responsabilité de votre moi divin, et en cet instant même, vous recouvrez votre foi, votre autorité, et tout devient possible. Vous avez autorité sur vous-même et sur votre propre vie. Vous revendiquez le droit d'être en vie, de vous exprimer dans le monde, et il est clair que vous êtes au paradis.

Et où j'exerce mon libre arbitre...

Cela signifie que, comme vous êtes au paradis, vous êtes enfin libre de faire des choix. Vous recouvrez votre volonté, et dès que celle-ci est libre, vous créez un nouvel accord avec la vie. Vous faites le choix de vivre en communion avec Dieu, parce que c'est cela qui se trouve dans votre cœur. Ce n'est pas parce que votre religion dit que vous devez être avec Dieu. Ce n'est pas non plus parce que vous avez peur. Pas plus que ce n'est le choix de l'*ego* ou de votre image sociale. C'est *votre* choix, votre décision, parce que vous *voulez* le faire.

Lorsque le vrai vous fait un choix, il ne choisit pas la peur, l'envie, la colère, les drames, ni quoi que ce soit qui vous nuise. Redisons-le, si vous choisissez de vivre les états ci-dessus, ce n'est pas le vrai vous qui fait ce choix. Lorsque vous vivez selon votre libre arbitre, le seul choix possible est Dieu, c'est l'amour, c'est le bonheur. Du moment que vous êtes conscient(e) de ce que vous êtes vraiment, votre choix est de rester là, d'être divin(e), de vivre dans l'amour le restant de votre vie.

Avec tout le pouvoir de mon esprit…

Ceci signifie que vous soutenez cette décision de tout le pouvoir de votre volonté et de votre foi. Voici l'instant de votre mariage avec Dieu, le moment de votre initiation du feu, car votre esprit est ce feu ; c'est la divinité en vous. Tout d'abord vous recouvrez votre libre arbitre, ce qui vous donne assez de pouvoir pour effectuer un choix, pour conclure l'accord de vivre avec Dieu. Puis, vous invoquez les pouvoirs de votre esprit pour respecter cet accord. Vous comprenez maintenant ce que vous pouvez faire lorsque vous recouvrez votre libre arbitre : vous pouvez exprimer votre intention, avec tout le pouvoir de votre esprit.

Je décide de vivre ma vie en libre communion avec Dieu...

Cela veut dire que vous décidez de vivre en amour avec Dieu, avec votre moi divin. Cette déclaration signifie aussi que vous franchissez un cap de non-retour, et que vous prenez un engagement envers Dieu. Désormais, vous vous êtes engagé(e) dans cette relation. Toute votre foi y est investie, ainsi que toute votre autorité.

Sans rien attendre en retour...

Ceci implique que vous renoncez à tout attachement à un résultat, parce que vous n'avez aucune idée de la façon dont quelque événement puisse tourner. Vous savez que vous êtes marié(e) à Dieu ; vous savez que vous acceptez votre divinité. Vous vous détachez du résultat, car il n'a plus d'importance lorsqu'on s'est voué à l'amour. Puisque vous vivez votre vie en communion libre avec Dieu, vous ouvrez votre cœur et vous aimez sans conditions. Vous aimez sans raison et sans attentes. Libre de toute attente, vous vous donnez, et vous continuez de donner sans attendre quoi que ce soit en retour. Votre amour est inconditionnel, parce qu'aimer est votre joie.

Je vivrai ma vie avec gratitude, amour, loyauté et justice...
Dans cette partie de votre contrat, de votre accord, vous vous dites comment vous allez écrire l'histoire de votre vie. Votre décision est prise, et maintenant vous exprimez la forme que vous donnerez à votre rêve. Voici à quoi ressemblera votre vie lorsque vous partagerez votre création, votre œuvre, avec le reste de l'humanité. La façon dont vous allez vivre votre vie est évidente, et vous n'accepterez rien de moins que cela, parce que vous êtes libre, vous êtes heureux(se), vous êtes amour.

Désormais, vous vivrez votre vie avec gratitude, et il est facile de comprendre pourquoi. La gratitude est l'une des plus belles expressions de l'amour. Le seul fait de dire « merci » ouvre toutes les portes pour recevoir une abondance de bénédictions de la vie, de toute nature, mais surtout pour recevoir une abondance d'amour.

Vous vivrez votre vie avec amour, ce qui signifie que vous vous aimerez sans conditions. Vous vous accepterez complètement. Vous respecterez et honorerez votre corps physique. Plus jamais vous ne critiquerez ni ne détesterez ce que vous êtes, parce que vous êtes une création de Dieu. Votre amour est infini ; plus vous l'exprimez, plus vous en avez à donner. L'amour est votre billet d'entrée pour le royaume de Dieu, en commençant par vous aimer vous-même, puis vos frères et sœurs.

Vous vivrez votre vie avec loyauté. Envers qui ? Envers vous-même, bien sûr, ce qui signifie que vous ne commettrez plus jamais d'action qui vous nuise ; vous ne vous trahirez plus jamais. Vous ne vous maltraiterez plus. Vous serez loyal(e) envers vous-même, et c'est ce qui rendra votre parole impeccable.

Vous vivrez votre vie avec justice, ce qui signifie être juste envers vous-même. Si vous commettez une erreur, vous la payez, mais qu'une seule fois, et non chaque fois que vous vous souvenez de cette erreur. Vivre sa vie avec justice signifie ne plus se juger : vous ne vivrez plus dans la culpabilité et la honte. Et en vivant libéré(e) de tout jugement, de toute culpabilité et de toute honte, il n'y aura plus lieu de vous punir.

Envers moi-même, pour commencer...

Ceci implique que vous êtes d'accord de commencer par vous-même. Le fait de vivre dans la gratitude, dans l'amour, la loyauté et la justice commence par vous, parce que vous ne pouvez pas donner ce que vous ne possédez pas. On ne peut donner que ce que l'on a. Si vous vous aimez, alors vous pouvez offrir de l'amour à autrui, sous toutes les formes que peut revêtir l'amour. Vivre en libre communion avec Dieu signifie aussi commencer par vivre en communion libre avec votre moi divin, en tant que création de Dieu. L'accord commence toujours par vous ; ce que vous devenez, c'est cela que vous partagez avec autrui.

Puis envers mes frères et sœurs...

Maintenant, vous vous mettez à semer chez autrui des graines de gratitude, d'amour, de loyauté et de justice. Vous vivez dans l'amour, et c'est également ainsi que vous traitez les autres, où que vous alliez. L'amour que vous avez pour vous devient celui que vous partagez avec autrui. Ces semences d'amour croissent et se fortifient, jusqu'à former une magnifique relation avec vos parents et vos enfants, votre conjoint et vos frères et sœurs, et chaque personne dans votre vie. Cette déclaration vous immunise contre la souffrance, parce qu'elle garantit que chacune de vos relations est un acte d'amour.

Je respecterai toute la création comme le symbole de ma communion d'amour avec Celui qui m'a créé...

Cela signifie que vous respecterez les forêts, les océans, l'atmosphère, les animaux, tout ce que Dieu, votre bien-aimé, a créé. Vous étendez votre amour et votre respect à tout l'ensemble de la création, comme le symbole de votre amour et de votre respect pour Celui qui vous a créé(e).

Vous passez cet accord avec Dieu, parce que vous reconnaissez maintenant que tout ce qui existe est une création de Dieu. Vous respectez Sa volonté ; vous respectez la vie telle qu'elle est. Vous percevez la création de Dieu, vous la respectez, vous y participez, et vous vous y abandonnez dans l'acceptation la plus totale, parce que vous savez que vous ne pouvez pas l'améliorer. Quand vous voyez une montagne, vous ne dites pas : « Oh, cette montagne n'est pas au bon endroit, elle devrait plutôt se trouver là ». Non, cette montagne est parfaite telle qu'elle est, et vous acceptez la perfection présente en toute chose.

Vous n'avez pas besoin de changer autrui ; vous ne ressentez plus le besoin de changer la moindre des créations de Dieu. Vous vous réjouissez simplement de cette création ; vous en savourez la beauté, vous appréciez la vie. Vous êtes vivant(e), et ce seul fait vous met en joie. Que résulte-t-il donc de tout cela ?

...pour le bonheur éternel de l'humanité

Cela signifie que toute l'humanité bénéficie de votre communion d'amour avec Dieu. Puisque chaque être humain fait partie d'un seul être vivant, votre bonheur offre une chance à l'humanité de pouvoir vivre dans le bonheur. Vous avez décidé de vivre votre vie dans le bonheur, vous le partagez avec autrui, et le résultat de cette décision est un cadeau merveilleux pour tous ceux qui vous entourent. Vous n'êtes pas responsable du bonheur d'autrui ; vous ne l'êtes que du vôtre. Vous êtes heureux parce que vous avez établi cette communion d'amour avec Dieu. Et si vous y êtes parvenu, n'importe qui d'autre peut aussi le faire, et la conséquence de cette union – ou réunion – avec Dieu est le bonheur éternel de l'humanité, ce qui est la même chose que « le paradis sur terre ».

Le royaume des cieux est dans votre esprit, et pour vous, ce royaume est réel, il est là, et vous en faites partie. Vous avez un royaume des cieux privé, dans votre tête, et en le partageant avec vos frères et sœurs, tous ensemble vous créez le royaume des cieux sur terre, pour le bonheur éternel de l'humanité.

* * *

Vous connaissez maintenant le sens de chaque phrase. Mais, une fois encore, il ne suffit pas de connaître les mots ni de comprendre leur sens. Il s'agit de faire de cette prière un mode de vie. Il s'agit de passer à l'action. Il s'agit de mettre cette prière en pratique, jusqu'à ce que vous créiez le paradis sur terre.

Il y a de nombreuses années, après avoir terminé un cycle d'enseignement avec mes apprentis, nous avons créé la première cérémonie du cercle de feu. Elle était destinée à ceux et celles qui avaient recouvré leur volonté, leur foi et leur amour. Toutes les personnes qui participaient à cette cérémonie avaient fait l'expérience de leur divinité, mais le défi pour elles, désormais, consistait à parvenir à rester dans ce paradis. Ils m'ont donc demandé : « Miguel, comment fait-on pour rester là ? Pourquoi faut-il que nous redescendions ? » Je leur ai répondu : « Vous ne parvenez pas à demeurer dans cet état, parce qu'il vous faut encore purifier votre psyché. Votre foi est puissante, mais elle est investie dans ce que vous croyez être, et la majeure partie de ce que vous croyez à propos de vous-mêmes n'est que mensonge. Dégagez votre foi de tous ces mensonges ! Libérez votre foi, et vous verrez combien vous deviendrez puissants. »

Si quelque chose dans votre vie vous prive de bonheur, vous avez tout le pouvoir nécessaire de le changer. Vous n'êtes pas obligé(e) de vivre dans la colère, la tristesse ou la jalousie. Ni de vous juger, de vous culpabiliser ou de vous punir.

Les paroles et les prières sont de puissants accords et il vous faut faire attention à celles que vous prononcez chaque jour. « Oh, Seigneur, je suis coupable, il faut me punir pour mes péchés. » Quel genre de prière est-ce là ? Si vous croyez être coupable et mériter d'être puni, alors vous l'avez bien cherché !

La souffrance et les drames commencent quand vous vous mentez à vous-même, même si vous n'êtes pas conscient(e) de vous mentir. Il vous est possible de recouvrer la vérité de ce que vous êtes vraiment. Quand vous vous voyez enfin tel(le) que vous êtes, quand vous prenez enfin la responsabilité de votre création, vous pouvez laver cette création de tout mensonge. Vous vous libérerez de tous les drames émotionnels en révélant au grand jour tous les mensonges auxquels vous croyez. Il s'agit donc de désapprendre ces mensonges auxquels vous croyez.

C'est une étape de nettoyage, et elle ne concerne pas le rêve de la société. Comment pourrions-nous changer le rêve de la société si nous ne parvenons même pas à nettoyer notre propre rêve de tous ses mensonges ?

La prière du « cercle de feu » vous suffira pour atteindre le paradis et y rester. Mais tout d'abord, il vous faut conclure cet accord, le vivre et le faire vôtre. Dire une prière ne prend guère plus d'une minute, mais il vous faut de la discipline pour le faire. Dites cette prière dès votre réveil, lorsque vous ouvrez les yeux ; puis redites-la à nouveau avant de vous endormir, le soir. Rêvez-en. Sentez-la dans votre corps émotionnel. Soyez cette prière ; alignez votre intention et votre foi sur elle, jusqu'à ce que toute votre vie soit fondée sur elle. Si vous vous trahissez, concluez un nouvel accord… « Jour du Seigneur… » et recouvrez votre libre arbitre.

Aujourd'hui est le jour le plus merveilleux de votre vie. Cet instant représente l'éternité. C'est le moment où vous revenez à l'amour en décidant de vivre en communion avec le Créateur. Aujourd'hui est le jour où vous passez l'accord de vivre une nouvelle relation, de vous marier à Dieu. C'est une lune de miel éternelle, et c'est le paradis.

Le cercle de feu

(Prière de groupe)

[Dites le jour d'aujourd'hui]

Jour du Seigneur,
où nous recouvrons la conscience divine
et où nous exerçons notre libre arbitre,
avec tout le pouvoir de notre esprit,
nous décidons de vivre notre vie
en libre communion avec Dieu,
sans rien attendre en retour.

Nous vivrons notre vie avec gratitude,
amour, loyauté et justice
d'abord envers nous-mêmes,
puis envers nos frères et sœurs.

Nous respecterons toute la Création
comme le symbole de notre communion d'amour
avec Celui qui nous a créés
pour le bonheur éternel de l'humanité.

El Circulo de Fuego

(Prière en espagnol)

[Diga la fecha de hoy]

El día del Señor
cuando la Divinidad regresa a nosotros
viviendo con nuestra voluntad libre y con todo el poder del espíritu
decidemos vivir nuestras vidas en comunión libre con Dios
sin esperar nada en cambio

Viviremos nuestras vidas con gratitud, amor, lealtad y justicia
empezando con nosotros mismos
y continuando con nuestros hermanos y hermanas

Respetaremos toda la creación
como símbolo de nuestra comunión de amor con el que nos creó
por la felicidad eterna de la humanidad.

À propos des auteurs

DON MIGUEL RUIZ est l'auteur du best-seller international *Les quatre accords toltèques*, traduit dans 27 langues. Depuis de nombreuses années, il travaille avec un petit groupe d'étudiants et d'apprentis, les guidant vers leur liberté personnelle. Il offre ce cocktail unique de sagesse ancienne et de conscience moderne à travers conférences, ateliers et interventions dans les médias.

Pour toute information sur ses ateliers et conférences en anglais, consultez son site internet :

www.miguelruiz.com

JANET MILLS est l'éditrice de Amber-Allen Publishing, maison d'édition qui publie tous les ouvrages de Miguel Ruiz en anglais. Elle a écrit elle-même deux ouvrages (non traduits) et est également l'éditeur américain des *Sept lois spirituelles du succès,* de Deepak Chopra. Sa mission de vie est d'inspirer autrui à vivre la vie de ses rêves.

L'enseignement de la lignée des Chevaliers de l'Aigle selon don Miguel Ruiz est proposé en langue française par :

Maud Séjournant
Le Cercle de Vie
Site internet : **www.cercledevie.com**
Mail : voila@cercledevie.com

Accompagnement-coaching
pour la pratique des accords toltèques
et apprentissage à distance de la voie toltèque.

Les activités de formation et d'information des associations proposées dans le présent ouvrage relèvent de la seule responsabilité des organisateurs. Pour tout renseignement sur les coûts et autres modalités d'adhésion, veuillez vous adresser directement aux associations.

Sixth Sun Foundation

(Fondation du sixième soleil)

La Sixth Sun Foundation est une organisation à but non lucratif dont l'objectif est de permettre aux gens de découvrir leur liberté personnelle et leur bonheur, grâce aux enseignements transmis par don Miguel Ruiz. Si vous souhaitez rejoindre les milliers de personnes qui travaillent ensemble afin de créer le rêve du paradis sur terre, retrouvez-nous en ligne à :

Site internet : **www.sixthsunfoundation.org**
Mail : info@sixsunfoundation.org

Les quatre accords toltèques

La voie de la liberté personnelle

Don Miguel Ruiz

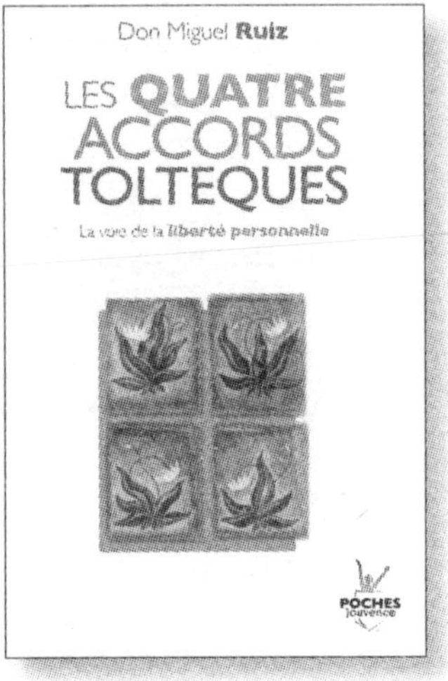

Des croyances limitantes nous privent de joie, créent d'inutiles souffrances. Elles proviennent d'un conditionnement collectif fondé sur la peur dont l'auteur nous invite à nous affranchir à la lumière de la sagesse toltèque. Enfin la version poche d'un best-seller universel qui changera votre vie personnelle !

128 pages • Prix : 6,60 €

La maîtrise de l'amour

Apprendre l'art des relations

Don Miguel Ruiz

Grâce à la Maîtrise de l'Amour, sagesse toltèque, vous panserez vos blessures intérieures et (r)établirez des relations d'amour, vous sortirez de la peur et oserez aller vers les autres sans jugements erronés, ni conflits ni souffrances. Ainsi libéré, vous retrouverez bonheur et joie de vivre...

176 pages • Prix : 8,70 €

Achevé d'imprimer le 25/04/2011
sur les presses de l'imprimerie Nørhaven

Dépôt légal : 11/2010
Imprimé au Danemark

Ce livre est imprimé par Nørhaven, qui possède une certification environnementale qui assure une stricte application des règles concernant l'utilisation de papiers issus de forêts exploitées en gestion durable, et d'encres à base d'huiles végétales et d'eau, le recyclage et le traitement systématique des déchets, la réduction des besoins énergétiques et le recours aux énergies renouvelables.